山梨学院大学行政研究センター
山梨学院大学大学院社会科学研究科
第14回（2003年度）公開シンポジウム

まちづくりの新たな潮流

はしがき …… 2
開会のあいさつ
　椎名愼太郎（山梨学院大学大学院社会科学研究科長）…… 3
【シンポジウム】 …… 5
パートナーシップによるまちづくり　新たな公共が生む多様な協働
　コーディネーター　濱田　一成（山梨学院大学行政研究センター所長）
　林　泰義（（株）計画技術研究所所長・NPO玉川まちづくりハウス運営委員）…… 7
まちづくりと市民参加
　安田養次郎（前三鷹市長・（株）まちづくり三鷹相談役）…… 18
山梨県におけるまちづくりの新たな潮流
　早川　源（財団法人山梨総合研究所専務理事）…… 28
構造改革特区制度の概要と山梨県の取り組み状況
　手塚　伸（山梨県企画部総合政策室）…… 37
【Q&A】
1　地域リーダー・コーディネーターの発掘・育て方 …… 51
2　まちづくりの失敗事例から何を学ぶか …… 67
3　政治家としてまちづくりの難局をどう打開してきたか …… 77
4　構造改革特区を成功させるための留意点は …… 84
【会場との質疑応答】 …… 89
捕足発言 …… 96
閉会のあいさつ　江口清三郎（山梨学院大学法学部長）…… 98

地方自治ジャーナル
ブックレット No.38

はしがき

地方分権改革や規制緩和などに伴う諸制度の創設、パブリック・インボルブメントやパブリック・コメントなど新たな住民参加方式の進展、さらには行政・民間・NPO・ボランティア等の協働による新しいガバナンス形態の模索など、現在、地方自治の状況は大きく変ろうとしています。

こうした状況を受け、、まちづくりにおいても、行政とのパートナーシップに基づき、NPOや住民による主体的な取り組みが全国各地で積極的に展開されています。また、規制緩和を契機として、行政と企業、あるいは行政とNPO等が相互に役割分担を図りながら、地域の活性化を図ろうとする「構造改革特区」の取り組みも着実に進められています。

そこで、二〇〇三年一一月二五日に、まちづくりの先頭に立ってご活躍されている方々やこの分野をご専門とする方々をお招きし、山梨学院大学行政研究センターおよび同大学大学院社会科学研究科との共催で、「まちづくりの新たな潮流」をテーマに公開シンポジウムを開催いたしました。

当日は、行政職員やNPOの方々はもとより、多数の学生や一般住民にもご参加をいただき、活発な議論が展開されました。この冊子は、この公開シンポジウムの内容をまとめたものです。新たな視点でこれからのまちづくりを考える際の資料としてご活用いただければ幸いです。

二〇〇四年三月

山梨学院大学行政研究センター所長　濱田　一成
山梨学院大学大学院社会科学研究科長　椎名　愼太郎

開会のあいさつ

椎名　愼太郎
（山梨学院大学大学院社会科学研究科長）

皆さんこんにちは、ただ今ご紹介いただきました大学院社会科学研究科の椎名です。

このシンポジウムも今回で14回目になります。この「行政研究センター」は本大学の法学部に行政学科、現在は名前を変えまして政治行政学科と言っておりますが、が開講しました１９９１年から歩みを始めております。

毎年、様々な課題で公開シンポジウムを重ねて参りました。そして１９９５年に、大学院の公共政策研究科が発足しました。その後名前を変えまして社会科学研究科、専攻は公共政策専攻ですが、これが発足しまして数年前から共催という形で進めるようになっております。

今日は、これ以上悪い条件はないのではないかと思われるような天候の中、皆様方ここにお運びをいただきまして、本当にありがとうございました。またパネラーの先生方には本当に本日はありがとうございます、よろしくお願いしたいと思っております。

さて本日のテーマは「まちづくりの新たな潮流」です。これは地方分権改革が途上であり、財政問題については今まさにせめぎあいが続いている中で、これからの自治体はまちづくりをどう進めたらいいか、というものです。これにはいろいろ議論はありますが自治体に権限が委譲されたり、国の関与の形がかなり変わったりということで、自主的にまちづくりを行う可能性が少なくともかなり拡大しつつある。これをどれだけ拡大するかは、まさに自治体側の知恵の問題であろうかと思っております。

そういう中で、特に今日のレジュメを拝見しますと、この新たな潮流として行政と市民のパートナーシップの問題が前面に出てくるようでございます。大変興味を惹かれる課題です。

私も大変期待を持ちつつ先生方のお話を伺い、また皆様の討論等も伺わせていただこうと思っております。

ほんとうに皆様のご参加があって成り立つシンポジウムでございます。こういう天候の悪い日にお運びをいただいたこと、心から感謝申し上げまして開会の御挨拶とさせていただきます。

今日は本当にどうもありがとうございました。よろしくお願いをいたします。

まちづくりの新たな潮流

［公開シンポジウム］

【濱田】　山梨学院大学行政研究センター所長の濱田です。本日のシンポジウムのコーディネーターを勤めさせていただきますので、どうぞよろしくお願いいたします。

本日のシンポジウムのテーマは「まちづくりの新たな潮流」ということです。

それでは早速、本題に入っていきたいと思います。

地方自治新時代、あるいは地方分権の時代と言われ、個性と活力のあるまちづくりが地域の大きな課題になっております。住民参加のまちづくりということが必要だと言われておりますが、住民、あるいはＮＰＯとかボランティア、様々なグループ等もありますが、そういった団体、グループと行政との協働ということが大事だと言われておりますし、また新しい仕組みとしてパブリックコメントとかパブリックインボルムメントといったようなやり方も模索されているというところです。

さらには規制改革ということで「構造改革特区」といった新しい仕組みも出てきているところです。いずれにしましても、これからのまちづくりは住民が中心になって進めていかなければならないと思われるわけですが、これまでそれぞれ専門に研究をされ、あるいは自ら実践を重ねてこられた諸先生からお話しを伺いながら、「これからのまちづくりの新しい流れ」について勉強をしていきたいと思っているところです。

それでは、最初に林先生お願いします。

パートナーシップによるまちづくり

新たな公共が生む多様な協働

林　泰義　（（株）計画技術研究所所長・
ＮＰＯ玉川まちづくりハウス）

はじめに

最近、「公共」について見直していこうではないかという議論がたくさん出てきていると思います。そういう意味で、行政が公共を独占する時代ではないということもずいぶん言われる。「新しい公共」という考え方が市民の間でだんだん受け入れられている。市民がそういう方向に向かっているというのが現場にいて私は感じるものですから、それを取り上げましてその点から事例を見ていきたいと思ってます。

昨年のNHKスペシャルで「変革の世紀」という6回にわたって報道されたものをご覧になった方もおられると思いますが、その5回目にはピッツバーグとイギリスとハンガリーの事例が紹介されましたが、その中のピッツバーグの事例が非常に刺激的だったと思います。

ピッツバーグのNPOタワーと言われる30階建てぐらいの超高層ビルの中に60ぐらいのNPOが入っている。それが連合して、ピッツバーグの中心を流れるオハイオ川沿岸の全長11キロぐらいの鉄鋼工場とか流通施設があった地区が、産業の空洞化により30年来空いて使わないでいる状態だった。それを再開発しようという提案をし始めた。

それは全体で日本円で2400億円の大プロジェクトです。市も3分の1ぐらいお金を

【林　泰義・プロフィール】

(株)計画技術研究所所長。特定非営利活動法人「玉川まちづくりハウス」運営委員。

住民主体のまちづくりのため、東京都世田谷区ほかで活動。

1991年、地域で近隣の専門家と「玉川まちづくりハウス」を設立。ワークショップによる公園デザインなど、住民のまちづくりを支援している。

また、欧米のNPO、特にまちづくり法人（CDC・Community Development Corporations）を調査・紹介するとともに、日本型のNPOセンターを確立する活動に、住まい・まちづくりの面から取組んでいる。

（主な著書、訳書等）

『21世紀の都市（まち）づくり』（共著・第一法規・1993年）、『まちづくりゲーム』（ヘンリー・サノフ著・林解説・晶文社、1993年）、『都市再生』（ロバータ・グラッツ著・林監訳・晶文社・1993年、『NPO教科書』（共著・風土社・1997年）『新時代の都市計画2　市民社会とまちづくり』（共著・ぎょうせい・2000年）、『対話による建築・まち育て』（共著・学芸出版社・2003年）他多数。

出す決定をしたようです。ＮＰＯは、さらにこの地域の財団に協力を呼びかけ、財団が相当なお金を出すということになりそうである、鉄鋼時代の大企業による財団がありますから、非常に大きな資金力がある。地域の財団20ぐらいが年々６００億円に上るお金をビッツバーグ地域に出しているという話です。例えばその財団が年間10％この再開発に出したとしても10年で６００億円ぐらいになります。

それに加えて政府の補助金その他で、２４００億円を賄おうという話がある。行政が再開発を主導し企業がそれに取り組む時代から、ＮＰＯという非営利組織が中心になって都市再生に取り組むという時代に移ってきている。典型的な新しい公共が生まれているのではないかという事例です。

1　様々なパートナーシップの事例

日本の事例を少しご紹介したいと思います。

①　身近な公共空間デザイン及び運営への参加（世田谷区）

最初は世田谷のケースです。世田谷では１９９２年から、まちづくりファンドを設けて、市民からまちづくりの提案を公募して助成している。

公開の場で市民提案をプレゼンテーションして、公開で審査して、助成してます。

この図は約８年経ったときの状況です。73の活動、組織がその段階では生まれている。

この方式によって、どういう人たちがどこで活動しているかが非常によく見えるし、お互いに知り合える。その中の一つに私自身が何人かと一緒にたちあげた「玉川まちづくりハウス」というＮＰＯがあります。

最初に、公園を皆さんの参加によって計画・設計しようということをやった。これが我々の地域では最初の「参加」の試みです。

② 大規模な公共施設のデザインへの住民参加（新潟市・新潟県）

２番目は大規模な公共施設の計画・設計への住民参加の例です。新潟駅を高架化して駅前広場を南北に作り直すという大工事です。

これ以前に市は、市民参加を地域に根づかせるために、市民と職員合同の参加の研修を進めてきました。その成果により立ち上がったのがＮＰＯ「まちづくり学校」です。これは日本の中でも、参加のまちづくりの達人が50人以上集まってＮＰＯ法人を作った珍しいケースです。

NPO新潟まちづくり学校が参加の企画運営を担う
市民窓口委員会を組織して市民と行政を結ぶ

新潟県では、各地で様々な参加のまちづくり活動を進めてきた、この達人たちのおかげで、参加への下地ができている。その人たちに市が市民窓口委員会を作ってもらい、駅前広場等

の設計・デザインに対する市民の提案等を公募しました。その上で、県と市が一緒に、駅前広場等の設計コンペティションを行い、今後、20年程の時間をかけ、市民参加により整備をすすめる予定になっています。

この絵は、未来の駅周辺のイメージを子供達が描いたものです。つい先日も、今後どういうふうに市民が関わりながらその知恵をだしあっていけるかということを話し合いました。

③「新しい公共を創造する市民活動推進条例」（神奈川県・大和市）

3番目は、神奈川県大和市の例です。市民活動推進条例が2003年の7月に施行されました。これには「新しい公共」という言葉が頭に付いているわけで、「協働事業」とか「市民事業」というものをオーソライズして、それに必要な社会資源をいかに生み出していくかというようなことを条例の中でうたっています。

その条例に基づいて今年始めて「協働事業」、つまり市民と行政が対等の立場でパートナーシップを組み事業をすすめる試みが始まりました。市民が事業を提案し行政とともに、協働で

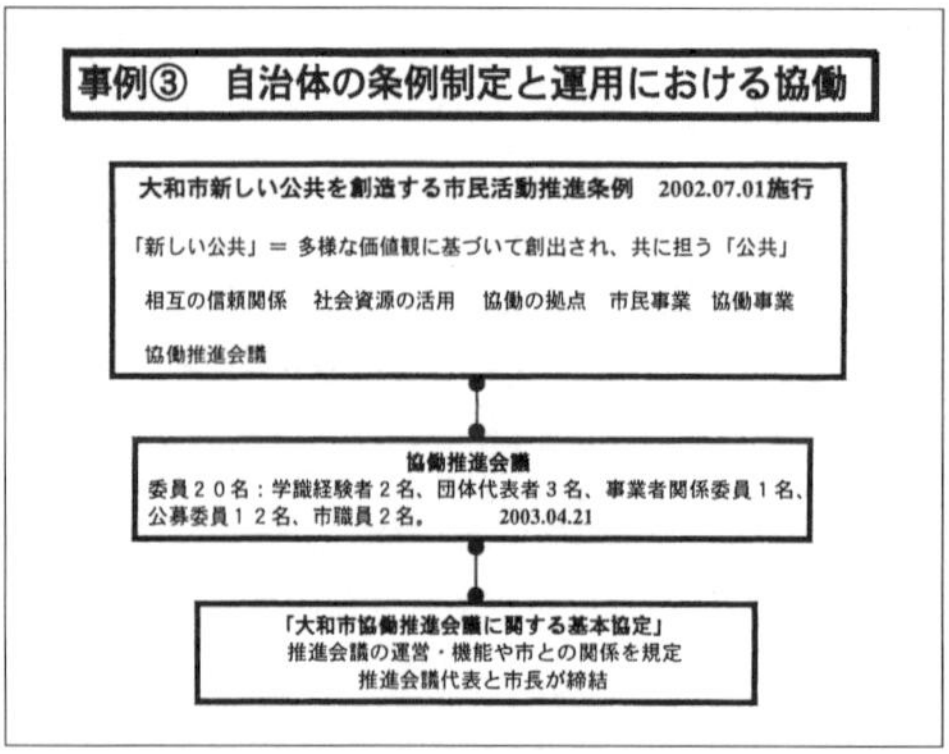
事例③　自治体の条例制定と運用における協働
大和市新しい公共を創造する市民活動推進条例　2002.07.01施行
「新しい公共」＝ 多様な価値観に基づいて創出され、共に担う「公共」
相互の信頼関係　社会資源の活用　協働の拠点　市民事業　協働事業
協働推進会議
協働推進会議
委員２０名：学識経験者２名、団体代表者３名、事業者関係委員１名、公募委員１２名、市職員２名。　2003.04.21
「大和市協働推進会議に関する基本協定」
推進会議の運営・機能や市との関係を規定
推進会議代表と市長が締結

2003年度決定「市民＋市役所協働事業」

(1)「子育て家庭サポート事業」

(2)「移動制約者の外出介助サービス事業」

(3)「人工透析患者ならびに身体障碍者、高齢者の通院・外出支援サービス事業」

(4)「大和市青少年の自立支援協働事業」

(5)「土地区画整理事業等における遊休地の景観美化」

(6)「生涯学習センターホール、リフォーム検討プロジェクト（仮称）」

(7)「新渋谷中学校地域交流館の新しい公共づくりに基づく企画運営事業」

(8)「やまと太陽光発電設備設置プロジェクト」の８提案。

実施できるかどうかを検討する。協働できそうな事業を条例に基づく協働推進会議という市民が中心の会議が市長に提案する。市長はそれを受けて検討した後に、「市長としては、こういうことは協働でやれる、やりたい」という答えを、この9月に出しました。市民の提案は17ありまして、そのほぼ半分8件を本格的に協働事業として進めることになりました。予算が必要なものは本年度手続を進めて来年から実施です。それが必要ないところはもうすでにスタートしている。

④　住民主導の中心地区　再生の輪が広がる（新潟県村上市）

４番目は新潟県村上市という県北の小さな市です。ここでは町の住民がまちの活性化のために動き出した。

歴史のある町でして、古い町家がたくさんあるんですが、その町家が毎年3月になれば奥座敷に雛人形を飾る。それを奥座敷までお客さん達に入って見てもらおうと考えた30代の吉川さんを中心とする町屋商人会のメンバーが、百軒にあまる町家を一軒づつ訪ね歩いて60軒に賛同してもらうことに成功しました。そこで2000年から「人形さま巡り」というイベントをひと月やるようになった。

これは人気を呼びまして、毎年のイベントとして定着しつつあります。この3月はもう10万人を超える来訪客があったというような状態です。

それに力を得てその後「町屋商人会」を中心に、様々なグループが入って秋には「屏風《びょうぶ》祭り」だとか、「骨董市」とか。最近は「竹灯籠祭り」というのも寺町のコースと合わせて出てきた。こんな市民活動の状況です。行政の方は後ろからじょうずにサポートしていくということです。

⑤　衰退地域の福祉施設を梃子にする地区再生

5番目が東京の山谷です。山谷は寄せ場として有名でしたが、今や寄せ場の機能は全く失われ

⑤　衰退地域の福祉施策を梃子にする地区再生
NPO山谷ふるさとの会
ふるさと日の出館
ふるさと千束館
ふるさとあさひ館
ホームレス自立支援ネットワーク
居住拠点づくりと運営

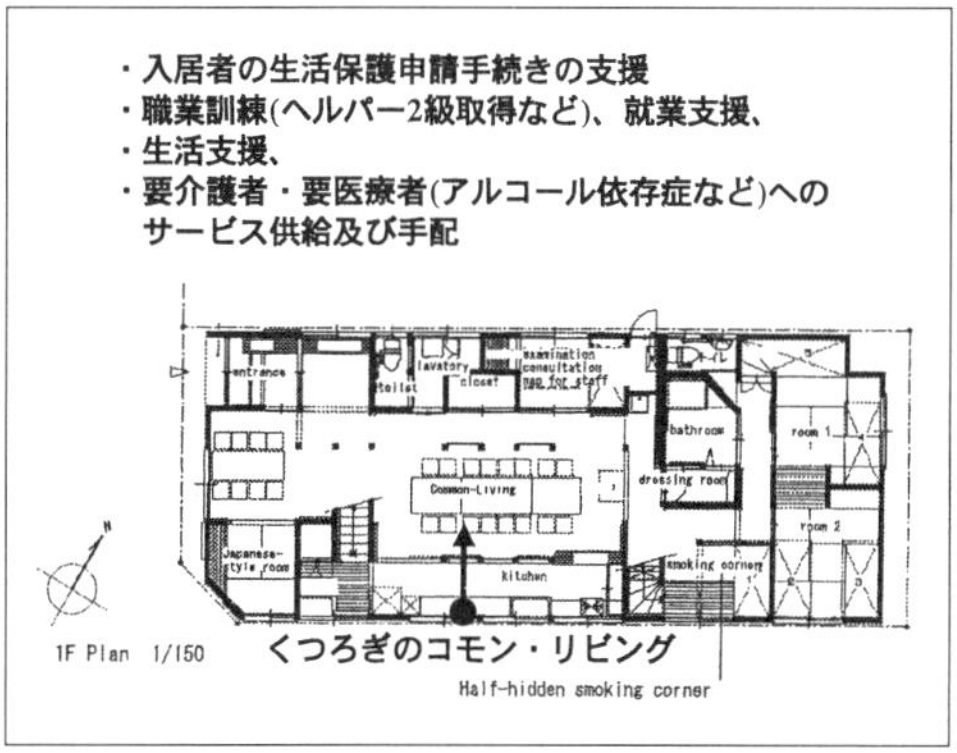
・入居者の生活保護申請手続きの支援
・職業訓練(ヘルパー2級取得など)、就業支援、
・生活支援、
・要介護者・要医療者(アルコール依存症など)への
サービス供給及び手配
1F Plan 1/150
くつろぎのコモン・リビング
Half-hidden smoking corner

て、ホームレスが東京では一番たむろする場所です。ここではついこの4年ぐらい前にＮＰＯが中心になってホームレスのための暫定的に居住する場を作るということに成功しました。

そのホームレス支援のネットワークをＮＰＯを中心に作り出したという事例です。ここではホームレス自立を目的に入居者の生活保護申請手続きの支援をし、職業訓練、生活支援、あるいは介護や医療サービス支援を地域のいろんなＮＰＯの連携により始めているのです。

⑥　コミュニティ・ビジネス支援からの地域再生　（島根県定住財団）

６番目は、島根県です。コミュニティ・ビジネス支援の仕組を県の財団がスタートさせています。地域の住民や企業の手で事業を興し、地域再生を進めるという試みです。

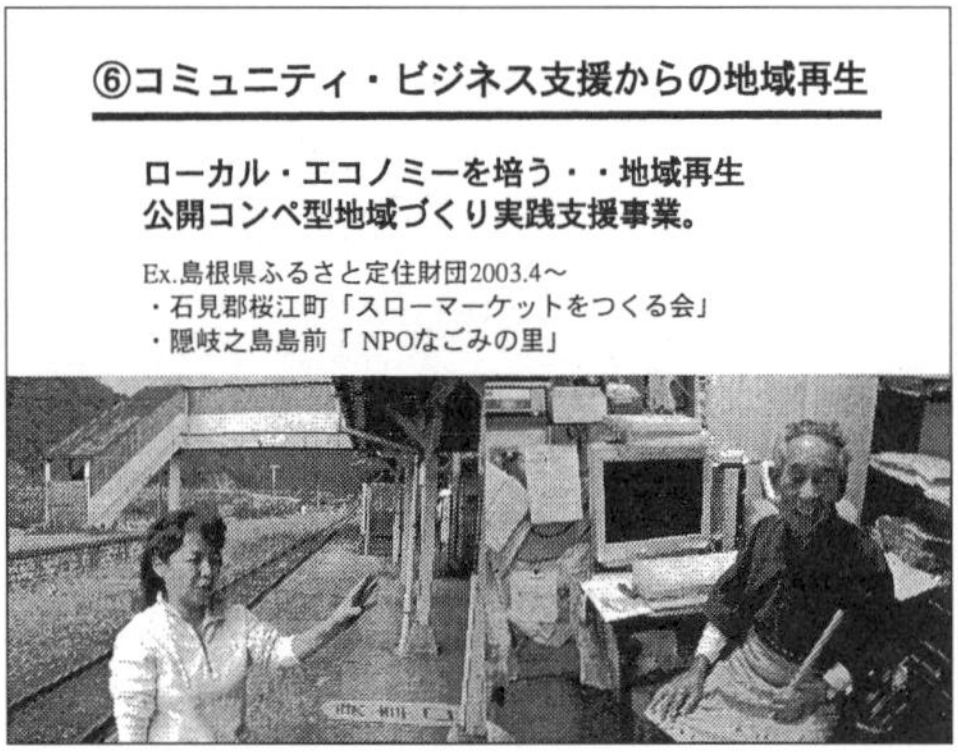
⑥コミュニティ・ビジネス支援からの地域再生
ローカル・エコノミーを培う・・地域再生
公開コンペ型地域づくり実践支援事業。
Ex.島根県ふるさと定住財団2003.4〜
・石見郡桜江町「スローマーケットをつくる会」
・隠岐之島島前「NPOなごみの里」

隠岐　島前　知夫里島
島がはぐくむ
暮らし見つめて
看取りの家「なごみの里」
ここで最期迎え
漂う"大家族"の心地よさ

ちなみに島根県ふるさと定住財団が、これも公開でコミュニティ・ビジネスの応援をする。これは石見郡桜江町でITを使って地域の再生を考えている人達、そのお陰で80歳になってから笛を作ってビジネスを始めた洋服店のお爺さんがいます。

あるいは隠岐の島の島前の知夫里島という小さな人口500人ぐらいのところで「なごみの里」というみとりの家を作った柴田久美子さんという人がいます。昔の集会所を使わせてもらって、島外に出ていかないで最後までこの島で一生終わりたいという高齢者達を、24時間お世話をする活動をしている。

そういう様々な活動をサポートし、事業として成り立たせようというねらいです。

こういったことは、90年代まちづくりの状況が非常に大きく変わってきて、それが新しい公共ということに結び付いていくいくつかの転回点を作ってきたと思います。

左に列挙します。

①まちづくり活動が要求型から主体型へ転換した。

②住民参加に新しい「機会の窓」が次々に誕生した。

③社会的コミュニケーション手法が創出され、「まちづくりワークショップが非常に普及した。

④ＮＰＯが登場し「新しい公共」の社会像が広がった。

⑤まちづくり協議会でなく、多様なまちづくり組織だけなどの既成の住民まちづくりＮＰＯの活動及び組織モデルが登場した。

⑥コミュニティ・ビジネスとか地域通貨の実験・普及のようなまちづくり経済活動による新領域が開拓された。

⑦法制度の改革が行われた。例えば、地方分権一括法、都市計画・河川計画の法改正、介護保険法、情報公開法など、です。

90年代まちづくり：新しい公共への7つの転回点

1.まちづくり活動：要求型から主体型への転換
2.住民参加への新しい「機会の窓」の誕生
3.社会的コミュニケーション手法の創出
・まちづくりワークショップの社会・ITシステムの普及
4.NPOの登場と「新しい公共」の社会像の広がり
5.まちづくりNPOの活動及び組織モデルの登場：
・まちづくり協議会⇨CDCs, Development Trust
6. まちづくり経済活動：新領域の開拓
・コミュニティ・ビジネス、地域通貨の実験/普及
7. 法制度の改革：協働のまちづくりへの胎動
・地方分権一括法、都市計画・河川計画の法改正、介護保険法、情報公開法

【濱田】　どうもありがとうございました。引き続いて安田先生にお願いしたいと思います。

まちづくりと市民参加

安田養次郎　（前三鷹市長）

私は学者ではありませんから理論的なお話は出来ませんが、長い間行政に深く関わってきた経験の中から具体的にざっくばらんに皆さんにお話しをしようと思って参りました。

1　地方分権時代における自治体経営

統治（ガバメント）から協治（ガバナンス）へ

ご承知のように平成12年4月に地方分権一括法が施行されました。そして、21世紀は「地方分権の時代」を受けて「地域主権の時代」になると言われております。私は、このことは新しい市民社会の到来を意味するものととらえています。

そして、これに合わせて、我々の「自治体経営」も、今までと違ったものが求められることになります。これからのまちづくりは行政と市民がお互いに責任を分任しあい協力して行われるということになるわけです。

行政のやることについていけばいい、行政のやることは間違いないんだ、という「ガバメント・統治」の考え方による行政運営には、自ずと限界がきている、と考えていいと思います。

最近注目を集めている言葉に「ガバナンス」という言葉があります。この言葉は自治体行政の分野では「ガバメント・統治」に相反する概念ととらえています。行政だけでなく地域における一人一人の市民、NPO等の市民組織、更には企業など、あらゆる主体がお互いに協力し合い、汗を流して責任を分かち合いながらまちづくりをする、という考え方です。

すなわち、「ガバナンス」というのは、それぞれの地域で、まちづくりの課題の解決にすべての新しい活動主体が参画をして、協力をして活動することを意味しているわけです。日本語でいえば「協治」といっていいと思います。

いずれにしましても、行政のパートナーとして、いろんな活動主体がまちづくりを進めていくという協力型のあり方がまさに「市民と行政のこれからの新しい関係」なんだと言って間違いないと考えます。

これからの自治体経営は、市民とのパートナーシップによる協働が基本的な前提となります。市民の発想と行動原理を出発点にして、主体的で自立的にまちづくりの動きと連携をしながら地域に根ざした個性的なまちづくりを行なう、いわゆる「オンリーワン」の街づくりを進めていくことが必要だろうと考えております。

これからの自治体はより透明で公正なものでなければならない。いわゆる開かれた自治体の実現であります。あわせてその自治体をよりスリムにしていくこと、つまり効率的な自治体を実現していくことを市民は求めております。このことの解決なしに市民の信頼を得ることはできませ

【安田養次郎・プロフィール】

前三鷹市長。

昭和5年10月16日生まれ。昭和29年3月東北大学教育学部卒業。同年7月三鷹市役所入庁。平成3年4月三鷹市長に当選（1期）。平成7年4月再選（2期）。平成11年4月再選（3期）。平成15年4月統一地方選不出馬により三鷹市長退任。平成15年5月ルーテル学院大学客員教授、杏林大学非常勤講師。

（市長時代の実績・外部からの評価）

- 日経新聞・日本産業消費研究所による「行政革新度調査」で国内第1位（1998年）。
- 同「行政サービス度調査」において行政改革度国内第1位（2002年）
- 自治大臣・総務大臣表彰
  - ・「生涯学習システム」優良情報化団体地域情報化部門（1999年）
  - ・情報化の促進への貢献（2002年）
  - ・丸池わくわく村と市に住民参加のまちづくり部門（2003年）
- 行政経営品質評価で自治体初のAランク評価（2000年）
- 日本計画行政学会計画賞優秀賞（2002

ん。信頼のないところに行政はないわけです。

開かれた自治体と市民参加

そこで三鷹市ではいろんな施策に取り組んで参りました。

徹底した情報公開の推進。むしろアカウンタビリティ（説明責任）を全うするというところまで踏み込んでの情報公開。次に市政オンブズマン制度の導入。そして社会経済生産性本部による外部評価といわれる行政経営品質調査、それから外郭団体も含めた連結されたバランスシートの作成と公表、民間企業とのパートナーシップの実現、事務事業の民間委託など人件費削減のための合理化です。

これに合わせて最も大事にしてきたことは市政運営は徹底した市民参加によって行うということを中心的な施策にしたということです。その結果、自治体関係者、マスコミ、各界から高い評価をいただくことになりました。

年）

●第2回電子自治体大賞市・区部門優秀賞（2003年）

（市長時代の代表的行政実績）

◆徹底した市民参加の実践

①市民プラン21会議による行政計画における白紙からの市民参加

②ワークショップ方式による公園づくり（丸池公園）小学校の立替え（高山小学校）

③コミュニティ行政の推進

◆効率的で開かれた市政運営

①論点データ集等の積極的情報提供および情報公開条例の早期制定

②オンブズマン制度の早期導入

③全国初の公設民営保育園の設置、総合スポーツセンター建設延期や公立幼稚園の廃園などの行革の推進

④職員の若手の登用および権限の下部委譲の促進

◆民間との協働による新しい取組の展開

①企業との連携による三鷹の森ジブリ美術館の設置・運営

②SOHO集積事業の展開

③太宰治賞の復活

「市民プラン21会議」

そこで基本構想、基本計画作りを白紙の段階から市民参加で行なうという試みとしての「市民プラン21会議」の取り組みをご紹介する中で、「協働のまちづくり」の取り組みを中心に三鷹市の新しい自治体経営の在り方をお話したいと思います。

三鷹市では基本構想の見直し、策定において、行政がプランを一切提示しないで白紙の段階から市民の皆さんのご意見を構想、計画に反映させようという試みを実施いたしました。

それも行政が市民会議を作るのではなくて、市民自らが自分の手で市民参加組織を作って自ら運営するという新しい手法です。市と市民組織が対等の立場でパートナーシップ協定を結んで、まさに協働（コラボレート）によって策定するというものです。

この市民組織「三鷹市民プラン21会議」は、すべてのメンバーが公募で10歳代から80歳代までの幅広い年齢層の400人近い市民が参加をしました。400回を越える会議が開かれて、私はそのパワーにはびっくりしました。目を見張るものがございます。

平成12年10月に「三鷹市民会議21」から「最終提言」が市長宛てに提出され、この後1年をかけて行政と「21市民会議」とのやりとりを経て平成13年に「基本構想」と「基本計画」をまとめあげました。

協働型の市民参加

では、三鷹市が目指している協働型の市民参加とはどういう考え方に立つものなのかをもう少しお話したいと思います。

今まで、私たちが目指してきた市民参加は、今曲がり角にきているのではないかと思います。今までの市民参加は行政の「隠れ蓑」であるとか、行政にとって都合のいい市民参加であるとかいろんな批判があります。いわゆる行政が保護者として、被保護者である市民を行政に巻き込むタイプの市民参加です。

行政サービス実施のすべての責任が行政側にあるという認識がある限り、本当の意味での市民参加には限界があると私は思っております。これでは市民と共にまちづくりはできないだろうと思います。市民と行政が対等の立場でお互いに対立することなく、程よい緊張関係の中で協力し合う市民参加、これが求められているのです。

行政サービスのすべての責任が行政側にあるのではなく、住民と行政の両方にあるということが前提になります。今後、自治体を健全に運営し活性化していくためには、どこかの時点で行政が、保護者の立場から脱却しなければならないわけです。

今、三鷹市の市民参加はそのような方向に確実に向かっております。三鷹市の市民参加は30年余にわたるコミュニティづくりの歴史の積み重ねから育ってきたものです。コミュニティセンターの住民の自主管理、コミュニティ・カルテの実施などコミュニティの風土そのものがそこにあったからこそ、協働型の市民参加が今ここにあると私は思っております。

これからのコミュニティの多様化や自立化などを考えますと、行政と市民、行政と企業など多様な主体が対等な関係の中で役割と責任を担いながら協働でまちづくりを進めるのが、これからの方向性だろうと認識をしております。しかし市民との協働のまちづくりといっても一朝一夕にできるものではありません。そう簡単なものではありません。市民と行政との間の信頼関係が日常的にそこになければ協働なんてできないわけです。

また、なによりも大事なことは、その前提に市民のより高いコミュニティ意識、「おらが街思想」が必須となります。そして本来的なパートナーシップを求めるならば、市民は行政に対して単なる傍観者、単なる批評者であってはならないのです。そしてコミュニティ意識が高まり、「おらが街思想」が生まれますと、少しは市民の皆さんも自分のエゴを排除しようということになってくるわけです。そこのところが一番大事なことかなあと、私はつくづく感じて参りました。

そこで今度は、じゃあ行政はどうこれに対処するのかということになります。

行政としては、徹底的に情報の公開をする。これにつきると思います。

情報公開は開示請求があったのに対して公開をするという受身では駄目です。むしろ市政情報を積極的にドンドン出していく。アカウンタビリティと言った方がいいかもしれません。そういうところにこの協働の市民参加があると思うわけです。このこととあいまって始めて「協働の市民参加」がなされるというわけです。

行政と市民・企業とのパートナーシップ

そこでもう一つ、いままで述べた市民参加で大事なのは、市民そして企業とのパートナーシップの問題です。介護保険制度の導入が提供しました問題の一つとして、福祉という公共サービスの領域を行政が独占していた時代から、民間企業とかＮＰＯにまでその領域を開いていく時代へと転換して参りました。これには行政の聖域に競争原理を持ち込むという側面と、行政と市民・企業がパートナーシップを結んで連携して事業を進めていくという二つの側面があります。福祉の分野だけではなくて行政のすべての分野にわたってこのような取り組みが行われていくのがこれからの「分権の方向」であろうと思っております。

三鷹市では市内の企業の協力を得て行っておりますＳＯＨＯ支援事業の展開、それから筑摩書房と協働で実施している「太宰治賞」、スタジオ・ジブリを初めとする民間企業との協働による皆さんご承知の宮崎駿さんの「アニメーション美術館」の誘致、こういう手法によって新たな展開をしてきたわけです。

これからの自治体経営は、税金、戸籍、住民票、義務教育、ごみを集める、それだけではおもしろくありません。やはり、職員も市民も興味があって燃えるという仕事が大切です。これからは分権の時代ですから、すべて自前でやれるわけじゃありませんが、いろいろ工夫をして地域に根ざした個性的な仕事をドンドンしていくというところに方向性を見出していくべきだと思います。

2 新しい公共のあり方

最後に、「新しい公共」ということに触れます。

協働型の市民参加が確立して参りますと、行政と市民・企業とのパートナーシップが確立されて自治体の担うべき役割が大きく変わってまいります。従来、福祉の分野は自治体がほぼ独占的にサービスを行ってきた、いわゆる「公共」の分野でありました。平成12年度に導入されました介護保険制度により民間企業とかＮＰＯがサービス提供者として参入することになりました。このことを自治体の側からとらえますと、自治体は今までのようなサービスを直接提供する役割は減って、サービス提供者間の調整とか、諸々のサービス提供者が果すべきサービスの基準を作るような役割を担うようになるわけです。

この様な状況の変化は、保育園などの子育ての分野をはじめ福祉のすべての領域、いや自治体の仕事の全般にわたっていくものと思います。言い換えれば「公共領域の変化」と言っていいと思います。今や直接的なサービス提供者としての役割から、総合的なコーディネーターという新しい役割に転換していかねばならないと考えております。

しかしながら、直接サービスを提供することが少なくなったということが、公共の領域が少なくなったということではありません。全体としては、行政が何らかの形で、コミットする領域ということでは、むしろ広がってくるものと言えるかも知れません。むしろ、この調整とかコーディネートというのは大変なのです。責任も大変大きくなってくると考えていいと思います。そしてこの広くなった領域に対応する方法、基本的な考え方が様々な主体との協働、コラボレーションであろうかと私は思っているわけです。

そういうことで、自治体経営が大きく変わってくるわけですから、その変わり方を十分認識しないといけません。

【濱田】　どうもありがとうございました。それでは引き続いて早川先生にお願いします。

山梨県におけるまちづくりの新たな潮流

早川　源（財団法人山梨総合研究所専務理事）

はじめに

ただ今、林先生と安田先生から住民参加についての事例を伺いました。山梨県においても「新しいパートナーシップのまちづくり」の芽はたくさん出てきています。

具体的に事例を上げますと、「清里のまちづくり」というのが、住民と行政の連携のもとに立ち上がっています。清里では生産するミルクを製品にきちっとできるシステムは今までなかったわけです。それから、ついこの間は不動産鑑定士の有志が甲府の中心街のまちづくりに参画しようと立上がりました。これも今までなかった動きだろうと思います。

そのほかNPOとしては「やまなし県民政策ネットワーク」が環境面から持続可能な世界のミニモデル山梨づくりに向けて「政策提言」しようと動き出しています。それから間もなくNPOで「CCCM」という住民と行政の橋渡しをしようというNPOがスタートします。

このように、お二人の先生がお話しされたような事例は幾つか山梨でも動き出しています。

【早川　源・プロフィール】

財団法人山梨県総合研究所専務理事。

1941年山梨県甲府市生まれ。1964年中央大学商学部卒業。同年株式会社山梨中央銀行入行。1992年総合企画部副部長。1995年情報調査部長。1998年財団法人山梨総合研究所専務理事。

山梨県地方労働審議会委員。山梨TLOアドバイザー。学校法人サンテクノカレッジ評議員。NPO法人やまなし県民政策ネットワーク理事。

(調査研究)

「東京都周辺地域のネットワーク化の将来展望」(共著・総合研究開発機構)。

「地域DNA(遺伝子)を磨く…ソフト分散論」(土木学会誌)

「地域に根ざすシンクタンクの存立条件」(共著・総合研究開発機構)。

1　パートナーシップのまちづくりは進展しているか

(1)　払拭できないお上依存体質

ところがその反面、山梨県のまちづくりの実態はまだまだ「おかみ依存体質」ではないかと思ってます。

いま、合併が各地で進んでおりますが、これを見ておりましても合併を目的化しているのです。自分たちの地域やコミュニティをどうしようという議論はほとんどない。「どこの町と合併したら得だ」、「どこと合併したら損だ」という議論が大半です。これでは本当のまちづくりはできないんじゃないか。合併が目的化してはいけないと思うんですが、それが実態です。

「まちづくり」とか「地域づくり」とかいってますが、どういう「まち」にしていくかという理念がきちんと県民の中で共有されているか考えますと、まだまだ理念の共有というところまでいっていないのが実態ではないかなと思っております。

山梨県では10何年か前に「環境首都」というコンセプトを出しました。その前にＪＣの皆さんは「山の都」というコンセプトを出しています。しかし、本当にこの方向に向かって県全体、各地域が活動しているかというとどうもそうではないように思えてならないのです。

(2) 理念と現実の乖離

「山梨総合研究所」ではこれから向こう10年の「山梨県の産業ビジョン」の策定調査を依頼され今やっておりますが、県下いろいろなところを歩いて皆さんからお話を伺いますと、「生命」とか「生存」、「美」とか「感性」、そういう言葉がいっぱい出てくるんです。

これは先程の山梨県が掲げている「環境首都」とかＪＣの皆さんが掲げた「山の都」というコンセプトに非常に近い。これが産業界から出てきているわけです。山梨県が進むべき方向を明確に示しているのかなと思ってます。

ところが、実際のまちづくりを見ると、とんでもないことがいっぱい出ているわけです。例えば甲府ではお城の整備をしています。石垣もかなり綺麗になりました。塀もできました。今、櫓を建設中です。このように江戸の歴史を復活しようという動きがある反面、そのお城の周辺には高層ビルがドンドンできている。どういうまちを作りたいのか、どうもちょっと精神分裂症の人がまちを作っているのかなと思うわけです。

こういう事例はあちこちにいっぱいあります。

例えば、東京の方から中央高速で富士吉田市に入ってくると、まず、富士山を見たいと一生懸命外を見るわけです。ところが一番最初に目に入るのは焼却所の高い煙突です。あんなものをどうしてあそこへ建設したのか。それぞれ目的は確かにある。しかし、全体としての調和が分かってないと言わざるを得ない。

2　社会潮流の変化と山梨

(1)　ハンディキャップはなくなった

今お二人の先生から行政全体が転換期にきているというお話もございました。今までの常識が非常識になるぐらい大きな変化がおこっています。

私は山梨にとっては非常にいい時代に移りつつあるのではないかなと思っています。

一つは、大量生産大量消費時代が終わったということです。これはもう中国が引き受けてくれる。山梨は大量生産の時代には空港も港もなく高速道路一本でした。傾斜地ばっかり、人口は90万人しかいない。これで大量のものを作るにはものすごいハンディキャップがあったのです。ところが大量に作らなくていいわけですから、ハンディキャップはゼロになったわけです。

それから、いま、エネルギー革命が起ころうとしています。今まで化石燃料を主体にしてきたわけですが、いろいろバイオマスエネルギーや太陽光発電、燃料電池が研究されています。その中で山梨にはバイオマスのための間伐材などの資源がたくさんあります。

なおかつ、山梨大学には渡先生をはじめ燃料電池の世界でも十指に入る権威者が3人いるんだそうです。このプロジェクトには国から向こう5年間に35億円の調査費がついています。国家的なプロジェクトです。トヨタも本田もニッサンも企業の枠をこえて共同研究するというような状況になってきているわけです。

もう一つは「やまなし県民政策ネットワーク」というNPOが山梨県を地球のミニモデルにしたいということを言っています。

この閉鎖された小さな盆地の中で持続可能型の社会が構築できないのであれば、日本全国、世界にも持続可能な社会は作れない、山梨を実験場としたいという提案をしているわけです。多分できるじゃないかと思うんです。そういう意味でも山梨はいい立地にもありますし、条件を持っています。

それからもう一つ。これから人口が減少してきます。あと30年ぐらい経ちますと1千万人ぐらい減るのです。東京の人口がそっくりゼロになる。そう考えると大変な変化が起きるわけです。経済的にみますと頭数が減れば食べる量も減ってくるわけですから、経済が拡大するなんていうことは多分ない。トレンドとしては間違いなく縮小経済に向かうだろうと思います。

しかし、日本の歴史を振り返ると人口の減少期というのは必ずしも悲惨な時代ではないのです。日本で最初に人口が減少したのは平安中期から後期にかけてです。この時には「ひらがな」が生まれ、「源氏物語」、「平家物語」が生まれ文化の花が開きました。その次は室町時代で、この時も「能」、「狂言」、「浄瑠璃」が生まれている。金閣寺などの書院造りもこの時代です。三度目が江戸中期から後期にかけてです。この時代には「俳句」、「歌舞伎」、「浮世絵」が生まれ、庶民文化が花開いています。ですから人口減少期は必ずしもマイナス的なイメージだけではない、むしろ今までの経済を中心としたモノ・カネといった物質重視の価値観から我々が価値観を変えなくてはならない。変えることによって非常にいい時代になるということです。

そういう目で山梨を見ますと、山梨は非常にいい条件を持っている。

実は手塚さんとご一緒にしたあるプロジェクトで元NHKのプロデューサーで『お貞ちゃん』という澤村貞子のドラマを作った平原日出夫という先生にお目にかかりました。その平原先生に山梨県はどういうイメージですかとお聞きしたんです。平原さんがこう言ったんです。「大円形劇場だ。盆地の周辺に3000メートル級の高い山がローマの円形劇場のように広がっている。その中で今我々は生活をしているのです。里山一帯には芸術家がいっぱい住んでいます。この人たちは一般の人たちよりも感性は鋭いし、時代を先取りしている。こういう人達がいっぱい住んでいる山梨は創作という面からいっても非常に魅力的な所ではないか」と。

この資源をどう磨き上げられるかは我々の責任だと思いますが、条件は非常にいいところです。

(2) 「ノリタケの森」が示唆するもの

最近注目しているのは、JR名古屋駅から歩いて15分のところに「ノリタケ」という高級陶磁器のメーカーの本社工場がありますが、その「ノリタケ」が100周年記念事業の一つとして「ノリタケの森」を造るということになったんです。これを企画したのは中川雅という人です。12月

５日に山梨へ来ます。一度来てもらいたいと前からお話をしていたのですが、たまたまジュエリー協会の50周年記念の事業でお願いをして来てもらうことになったわけです。

なぜこの「ノリタケの森」に注目をしたかと言いますと、名古屋の大都市圏の中の「ノリタケの森」は、大東京圏の中の山梨であるということです。名古屋の都市圏の中の「ノリタケの森」イコール大東京圏の中の「山梨」というふうに見えたわけです。

明治神宮の森は１００年の森です。東京都民の憩いの空間としていっぱい人が集まっています。不景気だなんていったって上野の森も行列です。あれだけ人が集まるんです。憩いの空間づくりをめざしてきた湯布院には、いま人が来過ぎて困るといっています。

「憩い」とか「癒し」というと、それでは経済が活性化しないと皆思うわけです。でも全く逆です。そういう空間を造れば人が集まる。山梨はその条件を持っている。それを実現できるかどうかは我々の双肩に掛かっているわけです。

どうしても今までの価値観に引きづられてますから、東京追随型、東京の後を追っかけようとしているわけです。だけどそれは全く逆で、東京とは逆の方向に向くという発想で地域を考えた方がずっと活力がでると思うんです。そういう条件を山梨は備えているわけです。

「ノリタケの森」というプロジェクトは6本の煙突をモニュメントとして残し、工房であるとかレストランを点在させて、楠とか欅を５２７本植えたんです。まだ木が小さいから森にはなってませんが、あと20年も経ったら、森が見えてくるんでしょうね。「ノリタケ」は１００年という時間軸に耐えれるような経営空間を自ら造っているというふうにも見えます。それを山梨はやれるんじゃないかと思うわけです。ですから条件は揃っている。ただ資源があり条件が揃っても「猫に小判」では困るわけです。これをどう考えるかというのが我々に課せられた責任だろうと思ってます。

【濱田】　ありがとうございました。それでは次に手塚先生にお話を伺いたいと思います。

構造改革特区制度の概要と山梨県の取り組み状況

手塚　伸（山梨県企画部総合政策室）

はじめに

山梨県企画部総合政策室の手塚です。よろしくお願いいたします。

構造改革特区制度は、平成14年度から始まったばかりの制度ですので、この段階で評価するのはなかなか難しい問題です。

山梨県について申し上げれば、現段階で合計6件の特区が認定されています。山梨県及び県内

自治体が申請した特区は**資料1**の通りです。この中で、山梨県自体が申請した「ワイン産業振興特区」の概要に、「ワイン造りとぶどう作りの一体化〜」とあります。ブドウを栽培した経験のある方はお分かりになると思うのですが、新しい苗を植えて醸造用の高品質ブドウを収穫するには多分5年ぐらいかかると思います。そうしますと、3年以内に構造改革特区による成果を出さなくてはいけないというのは結構厳しいものです。

もう一つは、構造改革特区の話が非常にもてはやされ、珍重されるというか、非常に明るい話題ととらえられていますが、私は違うんじゃないかと思うことです。そのことこそが日本の閉鎖性と後進性を現している。こんなことをしないと規制が緩和できないという国の実態に問題があると思うのです。ですから、別の意味の問題も内包しているというのが私のイメージなんです。

「規制」とは何か

規制緩和や構造改革のお話をする前に、そもそも「規制」とは何か、ということについて整理しておく必要があるのではないかと考えています。規制には、二つの側面があるのではないでしょうか。

資料　1　　山梨県関係構造改革特区の認定状況　平成15年11月末現在

申請主体	名　称	特区の概要／目標及び社会経済的な効果	規制の特例
山梨県	ワイン産業振興特区 H15.4.21認定	・ワイン醸造会社によるワイン造りとぶどう作りの一体化等による高品質ワインの製造などによりワイン産地ブランドを確立し、ワイン産業の活性化を図る。 ・意欲あるワイン醸造会社による農地（遊休農地や今後遊休化するおそれが高い農地等を含む）の有効利用 ・本件の特例措置を活用するワイン醸造会社における高品質なワイン製品の充実　等	・農地貸付方式による株式会社等の農業経営への参入の容認
須玉町	増富地区交流振興特区 H15.4.21認定	・ＮＰＯ法人の参入を求め、農業や国立公園での都市農村交流プログラムを展開することにより、交流人口を効果的に増大させ集落機能の維持と地域経済の活性化を図る。 ・高齢化・担い手不足等による遊休農地の有効利用（５年間で８ｈａの遊休農地の解消） ・都市と農山村の交流による地域の活性化（現行年間入込客数１３万人が３万人増加） ・都市住民との年間を通じた交流による高齢者の生きがいづくり	・農地貸付方式による株式会社等の農業経営への参入の容認 ・国立、国定公園の特別区域におけるイベントの容易化
富士吉田市	幼稚園入園事業特区 H15.5.23認定	・幼児の数が減少し、他の子供と共に活動する機会が減少していることから、三歳未満児の幼稚園入園の特例により幼稚園への入園を促進し、幼児期における社会性の涵養を図り、心身の発達を助長する。 ・地域の教育力の向上 ・幼稚園事業の安定的な運営と市民サービスの向上を通じての地域の活性化の実現	・三歳未満児の幼稚園入園の容認
山梨市	山梨市農地いきいき特区 H15.5.23認定	・株式会社、ＮＰＯ等の農業参入や市民農園の開設を進め、果樹、花卉、野菜、稲などの体験農業を含めた農業経営を実施することにより、都市住民との交流や観光農業の振興等を図る。 ・株式会社、ＮＰＯ等の農業参入により、観光農業等の様々な農業形態が発生し、農業の活性化 ・多様な法人による市民農園の開設により、都市住民との交流が増大　　等	・農地貸付方式による株式会社等の農業経営への参入の容認 ・市民農園の開設者の範囲の拡大
山梨県	体験活動教育特区 H15.8.29認定	・高等学校通信制課程において、生徒が行う学校外の学修として認定できる単位数の上限の拡大をモデル的に実施し、多様なニーズに対する学修機会を提供することにより、地域社会に貢献できる人材を育成する。 ・果樹産地や伝統的地場産業の担い手の確保 ・介護サービスに従事する人材の確保	・高等学校等における校外学習の認定単位数の拡大
小淵沢町	こぶちざわアグリルネッサンス特区 H15.11.28認定	遊休農地の市民的利活用や、都市農村共生・対流の積極的展開を図り、小淵沢町農業農村の再生（アグリルネッサンス）を実現する。	・農地貸付方式による株式会社等の農業経営への参入の容認 ・市民農園の開設者の範囲の拡大

まず、第一の側面は、経済活動を行う際の「=基準」としての「規制=ルール」であり第二の側面は、基本的な社会生活を営む際にわきまえるべき「作法」としての「規制」です。

前者であれば、例えば航空管制用語の例が挙げられます。航空管制の世界では、基本的に英語が使用されます。いくらフランス語に誇りを持つフランス人パイロットであれ、フランス語で話すことは許されません。このことはそんなに難しいことではありません。なぜならば、限られた用語の中で英語を使えば良いのですから。

これに対して、例えば、山梨県で農業を行う場合、アメリカのような農法は通用しません。ここには、一定のルールが必要になってきます。しかしこれは、世界規模の基準というより、その土地で農業を営む際の「了解事項」のようなものであり、各地域で異なって当然のものだと思うのです。これは、先ほどの整理からすれば、「作法」の問題ではないかと思うのですが、航空管制用語の問題と異なり大変に難しいものです。何しろ、地域ごとに様々な作法が

【手塚 伸・プロフィール】

山梨県企画部総合政策室、国民森林会議常任幹事

1959年山梨県甲府市生まれ。1982年信州大学経済学部卒業

大学卒業以来、全国の農村を訪ね歩く。大学時代の研究テーマは「減反政策」で、農業生産と農業農村を実証研究。

1982年山梨県庁に入庁

農政、福祉、教育などの職場を経た後、90年に地域政策部門に移る。

この間、1年間の銀行派遣を含め、県の長期計画を始めとする地域政策形成部門を中心に勤務。

2001年財団法人山梨総合研究所に主任研究員として勤務。2003年4月から山梨県企画部総合政策室へ異動。

〈著書〉

『市場経済を組み替える』(農村漁村文化協会、共著)、『ポール・ラッシュ1000言葉』(濆里観光振興会、編著)

〈論文〉

「新たな自治の制度設計」(自治体再構想研究会)

「機能的自治体論・・フルセット型自治体

あるのですから。

　このことに関連し、皆さんもご記憶に残っているかもしれませんが、２０００年に、イタリアのジェノバでサミットが開催されたとき、10万人ともいわれるＮＰＯ関係者が集結し、サミットに反対するデモを行ったことがあります。日本のメディアは、単なる「暴徒」という捉え方をしていましたが、外国のメディアの中には、そうは捉えなかったメディアもありました。

　実は、このデモを先頭に立って引っ張ったのはフランス農民党の代表者であるジョゼ・ボーベでした。フランスは、ご存じの通りヨーロッパ最大の農業国です。そのフランスで急速にアメリカ型の農業が導入されたのですが、その結果、農民は決して豊かになった訳ではない、といわれています。ジョゼは、こうした状況を経験する中から、アメリカが主導する画一的なグローバリゼーションには大きな問題があるのではないかと感じます。農業のような問題では、地域ごとに作法があり、それを大切にすることがこれからの時代に必要とされるのではないかと訴えたのです。欧米のメディアには、こうした視点からこの問題を報道したものもありました。

　こうした意味でのローカリゼーションの動きが、最近注目されています。例えば、地産地消ですとか、スローフードといった運動の中に現れているように思うのです。こうした運動の中にも、もちろん規制はあるのですが、これは単純なルール化というより、作法を大切にする、という動きのような感じがしています。もっと言えば、これまで私たちは、世界規模での動きが重要なも

を超えて・・・」（ＰＨＰ政策研究レポートNo.54）
「地域産業とビジターズ・インダストリー」（山梨総合研究所アニュアルレポートNo.4）
「賢い消費者が複合農事産業をつくりだす」（かがり火、No.90）ほか

ので、地域固有のものは取るに足りないものであるような感覚を持っていましたが、これからの時代、ローカルな世界にこそ、人間の本質的な生き甲斐があるような気がしています。

さて、このようなうねりを前提に我が国の規制の問題を考えますと、実は、すべての問題について、経済的合理性を基準に大きなくくりでルール化してきたように感じます。これに、アメリカ中心のグローバルスタンダードが拍車をかけ、「標準化＝ルール化」一辺倒になってしまったのが戦後の社会の流れでした。しかし、こうした流れに、それこそ「世界規模で反省が湧き起こっている。」のが今日であるような気がします。構造改革あるいは規制緩和、というとき、こうしたルールと作法との差異やこれに伴う世の中の流れを十分に考える必要があります。

さらに、もう一つ我が国の規制の問題で考えなければならないことがあります。それは、基本的に規制が霞ヶ関で考えられ、日本全国に網が掛けられていく、というスタイルになっていることです。

こうした姿は、基本的に正しい姿とは思えません。本来であれば、私たちの生活の場から必要な「作法」と「ルール＝基準」が合意形成され、これが積み上げられていく、といったスタイルが望ましいと思うのです。仮に、こうして合意された規制が、日本スタンダードで通用するのであれば日本スタンダードにしていけば良いのです。

ところが、残念ながら明治以降長い間、中央集権的に全国一律の網をかけていく手法が確立されてきました。しかし、ジョゼ・ボーベの嘆きを聞くまでもなく、これからの時代は、地域から主張していく時代であろうと思うのです。

冒頭、構造改革特区に対して、若干否定的な意見を申し上げましたが、こうしたことを解決する手法としてこの制度を活用するのであれば、大変有用な制度だと思うのです。

なぜ「構造改革特区」が出てきたのか

国の「総合規制会議」の中で、今日の日本社会は規制が強すぎて経済活力が低下しているという問題提起が長い間あり、規制緩和を本格的に実現しようとして作られたのが「総合規制改革会議」です。この「総合規制改革会議」で議論をしていく中でいわゆる「構造改革特区」という提案が出てきました。

この「構造改革特区」が出てくるきっかけは、紛れもなく1980年代から世界的に特区という制度が実験されてきたことでしょう。

皆様にお馴染みなのは1980年代に、中国広東省の深圳や珠海で経済特区が設けられ、関税面などで優遇され、それが廈門などにもドンドン広がっていったということです。

今や中国では全国的に「経済特区」のうねりが起きておりますので、もうそろそろ特区は必要ないだろうというふうに言われております。

それから、これも有名なところですがアイルランドのダブリンです。「国際金融サービスセンター（IFSC）」を1987年に設置し、法人税や地方税等の優遇と外国人労働者の出入国の自由化等を行い、ダブリンではそのことによって約2万人の雇用が創出され、アイルランドは毎年

10％のＧＤＰ成長率を続けているようです。

多分こういう事例を参考にしたと思うのですが、「構造改革特区」という制度がスタートすることになりました。ご存知のように内閣総理大臣を本部長とします「総合規制改革会議」と「構造改革推進会議」との二つの組織が設置され、全国レベルでの規制緩和と、特定の地域での規制緩和を進めていくというのが制度の大枠です。

1　構造改革特区のポイント

今回の構造改革特区制度は、これまでの地域活性化手法と次の2点で大きく異なるものとなっています。

①　知恵と工夫の競争による活性化を図る

今日に至るまで、いわゆる地域活性化法は幾つも制定されて参りました。例えば、テクノポリス法、リゾート法、地方拠点都市整備法などが代表例です。それらの整備手法は、基本的には国がガイドラインを決めて地方に押しつけるというものでした。

実は私は、県庁で地方拠点都市整備法を担当していた経験がありますが、その際、私自身の考え方では山梨では時期尚早だなと思ってたんです。

何故かと申しますと、平成7年当時、まだ山梨県の都市集積は国が定める手法で整備する熟度に達していないと考え、地域独自のビジョンをつくるべきだと考えたからです。ところが、当時の国土庁から電話がかかってきまして「山梨県さんは手を挙げないんですか」といって怒られたのです。なんで怒られなければならないのでしょうか。手を挙げなければいけないことではないわけですから、霞ヶ関に呼び付けられて、どうしたんだと言われるというような問題ではないのですが、こうしたことがまだ平気で行われていたのです。

今回の構造改革特区制度は、こうした国主導の全国画一の手法をとらず、地方の知恵と工夫を大切にして、地域からの主体的な提案を受け入れようというものです。

② 自助と自立の精神の尊重を図る

次に、今回の「特区」導入による規制の撤廃、緩和は、国が責任を持って実行するけれども、その他のことは地方が自主的に責任を持ってやって下さいということです。

具体的に申しますと、日本の「特区」が世界の特区と違うところは、世界のいわゆる「特区」と言われているところでは、財政措置あるいは税制措置を与えているのに対し、日本の場合、国が税制上の優遇措置や財政上の支援をすることは一切ありません。

2 「構造改革特区」とは何か

構造改革特区制度の概要を大雑把に申しあげますと、地方で何か実施するときに、障害となっている規制を、ある地域で、あるいは全国レベルで積極的に緩和しますよということなんです。従来の政策と異なり、評価できる点は、全国レベルで緩和を実行しようとしたときに、どうしても国が圧力をかけていたのに対し、今回は主に地域レベルで「社会的な実験」を行ったうえで、成功したら、それを全国レベルに展開していこうという点です。

これは余りにも有名な話ですが、港湾の物流の規制緩和を図ろうとして、高さ3メートル以上の制限を撤廃する特例措置をある自治体が、国に提案したところ、警察庁が「いやいやそれはそこだけではなくて全国レベルでやる」と、言ったそうです。多分、警察庁にとってもそれは美味しそうな話なんでしょう。ところが、全国レベルでそんなことを実行しようとすれば、全国の国道から県道、市町村道まで、規制緩和可能な路線を調べなければなりません。そんなことをしていたら30年かかってしまいます。30年もかかってやっとそれが緩和されたのでは意味がないわけですから、できる範囲からやっていこうということになったようです。

3　構造改革特区の特色

今回の構造改革特区制度には、これまでの地域振興制度にはない特色がいくつかあります。この中から、代表的なものについて、紹介致します。

①　国はあらかじめモデルを示しません。地方公共団体や民間団体などが知恵と工夫をもとに制度設計を競うものであり、あくまでも地方の自主性が尊重されます。

②　先程もふれましたが、これまでのモデル事業などと違って、国が、誘導するための補助金や税制上の優遇措置などの財政支援を一切行いません。

③　規制の特例の対象については、緩和の度に範囲を幅広くすることも可能となります。

④　ワンストップで事務処理を行うことです。ワンストップというのは、担当している内閣官房が、地方から提案があったときに、内閣官房に窓口を一本化して各省庁を調整するということです。

この点が重要なのは、これまでは、例えば、経済産業省に提案すれば、いやそれは農水省と調整しなければならないとか、要するにたらい回しにされるわけです。たらい回しにされているうちに「もういいや。こんな人達と付き合うのはたまらない。」となりがちだったのですが、変わったんです。今回のワンストップで、内閣官房が全責任を持って調整する体制となりました。

⑤　市町村や都道府県からの提案のみでなくて、民間企業からの提案も都道府県に対し可能となりました。

また、都道府県は、民間企業からの提案があった場合、それを却下する際には、その理由を開示しなければならないことになっています。こうした点が従来と違う点になろうかと思います。

4　どのような規制緩和の特例が認められるようになったのか。

それでは、どのような特例が認められるのでしょうか。

具体的には、教育分野から医学連携分野まで、こんな形でこういう規制緩和ができますよ、という柱を建てておいて、これに基づき、具体的に県、都道府県、市町村、あるいは民間企業にどの分野の規制を緩和するのか、計画を出していただきます。計画が適正と認められれば、これについては特区として認定しますということになります。

認定後5年ぐらいの間で特区の経済的効果などを検証して、この特区自体が全国に展開して良いものなら積極的に全国に展開します。逆に、あまりに効果の低いものは特区の要件を取り消すこともあるというのが今回の特区の特徴になっています。

【資料2】　第3次の提案までに実現した規制改革数

	第1次提案募集で	第2次提案募集で	第3次提案募集で	合　　計
特区で実施	93	47	19	159
全国で実施	111	77	29	217

【資料3】　第1回、第2回申請主体別　特区計画認定

	主体数				計画数			
	第1回		第2回	(総数)	第1回		第2回	(総数)
	(4月)	(5月)			(4月)	(5月)		
市町村単独	23	31	31	(85)	24	31	31	(86)
市町村共同	1	0	2	(3)	1	0	2	(3)
複数県共同	1	0	0	(1)	1	0	0	(1)
県単独	14	11	6	(31)	18	11	6	(35)
県・市町村共同	10	16	8	(34)	10	18	8	(36)
その他	3	0	0	(3)	3	0	0	(3)
合計	52	58	47	(157)	57	60	47	(164)

資料2を見てください。「第3次提案までに実現した規制改革数」です。

第1次提案募集、第2次提案募集、第3次提案募集とありますが、これに基づき特区で実施することになったのが159件、全国で実施することになったのは217件という状況です。

資料3はどんな申請主体があった

かということです。

これに過日の小淵沢町のアグリルネッサンス特区が加わって山梨県では合計6件になります。内容を見ますと、山梨県、須玉町、山梨市が要望した農業関係の特区があります。主な内容は、農地法、自然公園法に関する規制緩和です。富士吉田市の場合は学校教育法に関連した幼稚園の問題。山梨県から、もう1件提出しましたのは、高校の通信教育の問題。それから小淵沢町の農業関係の規制緩和となっております。

【Q&A】

1　地域リーダー・コーディネーターの発掘・育て方

【濱田】　4人の先生方からそれぞれ貴重なお話を伺ったんですが、これからはコーディネーターである私の方から少し先生方に質問をさせていただいてお答えをいただこうと思っております。

最初の質問は4人の先生に共通にお願いしたいと思っております。

まちづくりといえば住民主役でやるということですが、その中でもリーダーとかコーディネーターとかがどうしても必要になってくると思われるわけです。そういったまちづくりの担い手が住民の中から積極的に出てくるのが本来の姿だと思うんですが、現実にはなかなかそういかない場合があります。

そういった場合にどういうふうにそういう方を、探し出すのか。あるいは、そういった方がもしその地域にいらっしゃらないとすればどうやってそういう方を育てるのかというようなことについてお話を聞かせていただこうと思います。順次お答えをいただこうと思うんですが、林先生からお願いしたいと思います。

□「新しい公共」がコミュニティの力（地域力）を高める

【林】以前に私が関与した本で『都市再生』という本があります。昌文社から出したんですが、ロバータ・グラッツというニューヨークのドキュメントライターが書いた本です。その冒頭で「いろんなまちづくりの現場を訪ね歩いたけれども、どんな地域にもリーダーという者はいるものだ」と言っています。

私も全くそう思うんです。ただリーダーが出てくる条件といいますか、機会というか、そういうものはあると思うんです。一般的に何も問題がないところにはリーダーは出てこない。ひとたび問題が起こるとその混乱の中から現れる人達が必ずいる。これは昔から闘争や運動の中でもそうでしたし、エイズ問題の川島親子みたいな人達も、闘争するたくさんの人々の中から出てきた。

人に開く勇気　リーダーの条件

その時の鍵は何かということです。図を見てください。

「私」と「公」、お坊さんみたいな男性が稲を抱えいてるのと、稲を手を開いて置いているのと二つあります。「私」というのは偏がのぎ偏ですから稲ですね。「ム」の字が腕で抱えるという字です。ですから「私」というのは抱え込むという、「公」というのは抱え込んでいる「ム」を開くという意味があるので、「公」というのは「私」が、自らの持つものを開くことで「公」になるということを示しています。

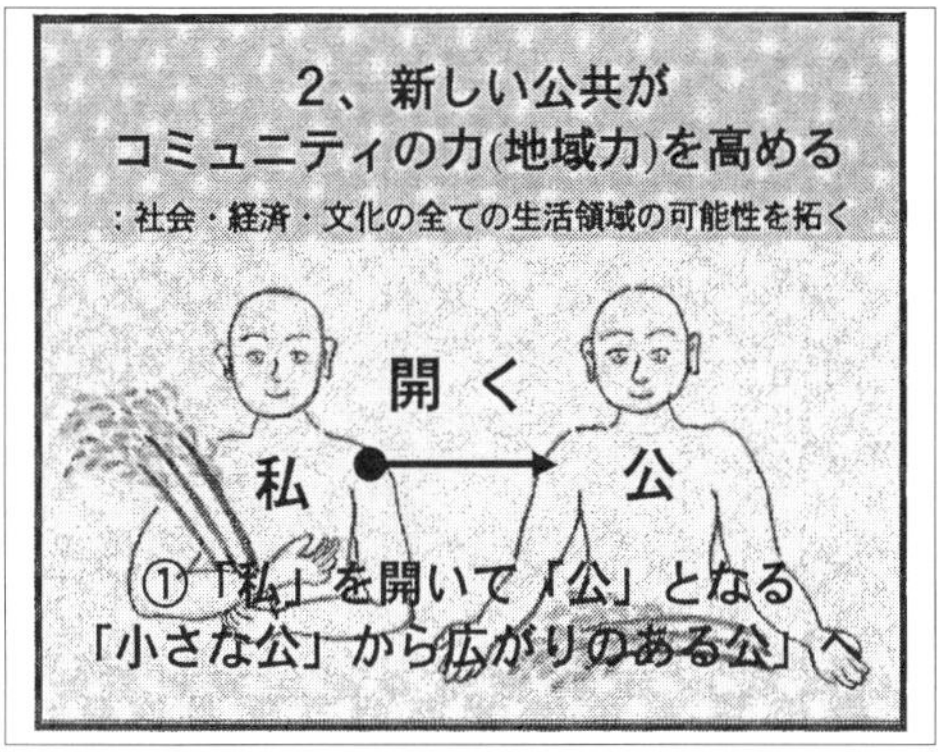

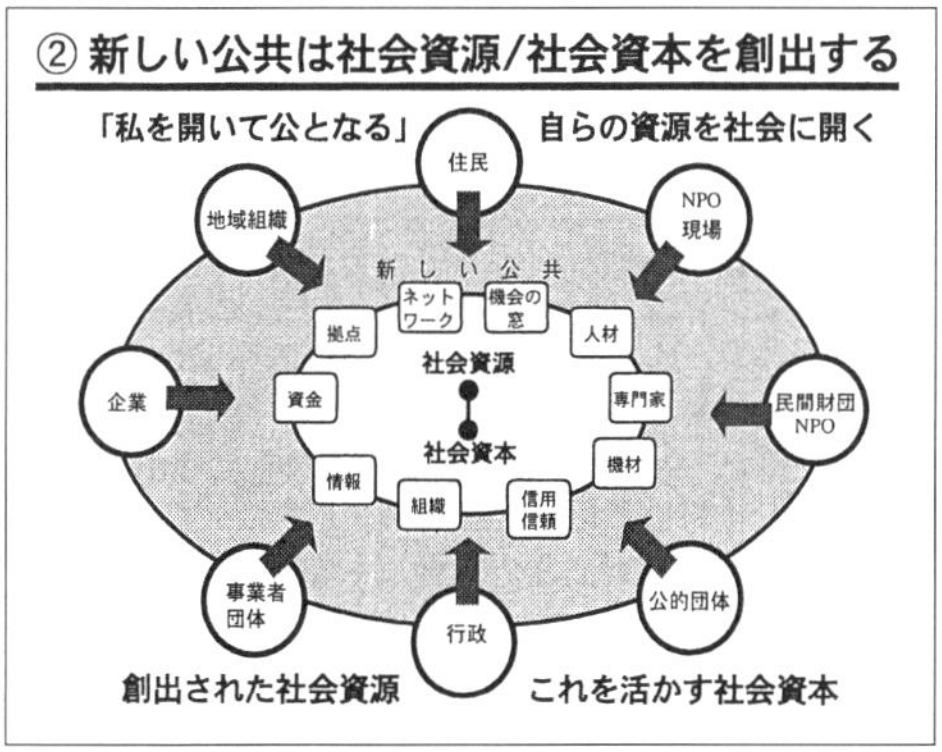

川島氏は、自分がエイズであることを、自分を社会に開いて、名乗ったわけです。皆、閉じてしまう段階ではエイズについて開かれた形で当事者が入って議論

することはできないわけです。川島氏の勇気のある「自分を開く」ということによって「私の問題」から「社会の問題」になる。つまり人に開く勇気があることが一つのリーダーの条件だと思います。

「機会の窓」を用意する

もう一つは「開く」という行為を促す機会が用意されているということが非常に重要なことです。これは「ウインドウズオポテュニティ」という言い方ですが、何事かを可能にする「機会の窓」が社会的にある。パソコンの画面でウインドウをクリックすると新しい世界がひらかれる。それと同じで、そういう社会になっている必要があるということです。

ですから、まちづくりのアイディアを公募して、それを皆で公開審査の場で議論しながら援助することを決めていくような機会というのは通常は「機会の窓」を新に作ったということになると思います。その「機会の窓」を作ることによって、いろんな人が地域にいることが見えてくる。たとえば島根県北の石見郡でやっているコミュニティ・ビジネスの試みも、公募方式で、提案の機会を開くことによって、多くの人々に共感を生み、お互いに勇気をえられる。そうでないとコミュニティ・ビジネスの助成申請をお役所の窓口の担当に一人一人が書類を出して、「これだめだ」とか「これいい」とか言われて、帰ってきましたとなれば、個人的な仕事、個人的な行為にしかすぎないということになります。

しかし、それを皆がいるところでプレゼンテーションをし、皆がそれについてのいろんな意見を出し合うことによって、個人的な活動がパブリックな中に入っていく。あるいはパブリックとして皆が後押ししてくれる関係もできてくるというので、いわばそういう「機会の窓」をどう用意するかがリーダーが行動する一つのきっかけになるだろうと思います。

そのへんが私は一番のポイントになることではないかなと思っています。そこからはその人それぞれの個人の能力もあるし、様々な状況などがありますから、なんとも言えませんが、少なくとも「自らを開く勇気」と「機会の窓が開かれていること」という2つは非常に重要なキーになるかなというのが私の思っているところです。

【濱田】 ありがとうございました。それでは安田先生お願いします。

□ リーダーの資質

【安田】 まちづくりには、たくさんの人の意見をききながら一定の方向を見い出すことが必要なので市民参加の役割が大変大事だと思います。しかし、よいリーダーを得なければ、なかなか難しいと思っています。

「好きこそものの上手なれ」　リーダーの資質①

やはり、リーダーというのは市民の考えを、すべて一つにまとめる必要はない。まあ、一定の役割を果たせばいいと考えますが、なかなか大変だと思います。

具体的に、こういう例があります。市民参加の「市民プラン21会議」のリーダーです。この会議は、3人の代表がリーダーシップを執りました。この場合は会長という言葉を使わないんです。

その中のお一人が清原慶子という、50歳の女性です。この人は25年ほど前、慶応大学の学生時代から三鷹市政に関わって、基本構想、基本計画の策定に学生代表の一人として参加をし、その後各種審議会等の委員もやって、あらゆる行政の分野で協力してきた女性です。

そして、この4月の私の3期12年の市長退任に当たって、私の後継者として三鷹市長に就任したんです。彼女は、東京工科大学教授でメディア学部長を退任しての挑戦でした。

彼女の市民参加におけるリーダーシップがなければ、「21市民会議」はまとまらなかったのではないかと思うのです。

ただ、果たしてこのようにうまくきっかけができてリーダーが育つかどうかです。リーダーというのは大変難しいということなんです。それなりの資質があって能力があって地元に対する知識もまちづくりの知識も必要です。私はリーダーというのは誰でも務められるようなものではない、そんなに簡単なものじゃないと思うんです。

そして、地域の中で信頼がある人であることが一番大事かと思います。それに加えて「好きこそもののじょうずなれ」という言葉がありますが、好きな人こそ、嫌々ながらではこの仕事はできません。このように私は考えるのです。

じっくりとみんなの意見を聞く意志の強さ　リーダーの資質②

もう一つは、つくづく思うのですが、リーダーはあまり自分の意志を全面に強く出して強力に引っ張っていくタイプはむしろ良しくない。

最初から自分の意志を出さない方がいい。「カリスマ性」も「俺についてこい」式の強力なリーダーシップも私はいらないと思う。むしろ、意志が強くてじっくりと皆の意見を聞いてコーディネートできればいい。コーディネートするときに強いリーダーシップを発揮すればいい。これが今まで私の感じてきたリーダーシップの要件です。

三鷹市では、職員の活動と市民の活動がリンク

リーダーシップ育成と発掘についてですが、まず、三鷹市では潜在的に市民のパワーが非常に高い。これはコミュニティ活動とか多くの機会を通じた市民参加の歴史の中で、培われてきたも

のだと私は思うのです。それ以外でも市民の皆さんの自主的な活動が大変活発です。こういう活動に市の職員が外に出ていって、多くの場面でコミットしているわけです。つまり職員がアンテナなんです。

コミュニティ住区を7つに分けて、その中でコミュニティ活動をしているわけですから、そういう中に職員は積極的に入っていってコミットしている。そういうことがリーダー発掘の一つの大きな条件になるのではないかと考えています。

三鷹市では職員の活動と多くの市民活動がリンクしています。そうした中で直接あるいは間接の市民との繋がりができてくる。そういったところからもリーダーを発掘することになろうと思うんです。

そこでリーダーの育成について行政が例えば「地域リーダー養成講座」とかを実施しても、私は全然機能しないだろうと思うんです。行政がリーダーを作るということについて、私はどうも抵抗があります。行政の都合のいいリーダーを作るなんて言われちゃ困るわけです。ですからコミュニティ意識の高まりの中でリーダーが自主的に醸成されるというふうにならないといかんだろうと思うんです。リーダーは自分自身が地域の活動の中でいろんな困難をクリアしながら育っていくものだろうと思うのです。講習会じゃ駄目なんですね、自分の地域活動の中で育つもの、そういうふうに考えた方がいいと思っております。

では、行政が何をやったらいいんだということになりますが、そういった機会をいかにつくるかということになります。ですから三鷹市のコミュニティ行政の展開の中で相当数の好ましいリーダーが輩出している。今度の「21市民会議」の新プランの作成過程でも立派なリーダーが出てます。こういう人達がまた集まって、自分たちの研鑽を積んで新しい、リーダーに繋がっていく。

【濱田】 ありがとうございました。それでは早川先生にお伺いしたいと思います。

□「落ち穂拾いの会」から いろいろなプロジェクトのリーダーが生まれている

【早川】 私の体験からお話をさせていただきたいと思います。
16、7年前に県の林務部の人達が「落ち穂拾い」という会を作りました。これは「森を核とした地域づくり」、多分林務部の人ですから、まさに森をどうやって育てるかを研究しようとして立ち上げた会だったわけです。今になって私はこの「森を核とした地域づくり」というのは、なかなかいいコンセプトだったなと、思っているんです。
スタートした翌年お誘いがあったんです。森林を育てるということですからやはり30年、50年のスパンで議論をしていたわけです。

私は実は「山梨総研」に行く前に「山梨中央銀行」におりました。1分1秒とは言わないが30年50年は長すぎると、こう思ってまして、最初は躊躇していたわけです。だけども一生懸命誘って下さるのでまあ入ってみようかと思って入ったんです。

やっていくうちに、林業振興をするためには、過疎地の活性化をしなければならないということで、過疎をどうするかという問題にぶち当たっていくわけです。

林業だけでは過疎問題は片付かない。それで、不動産鑑定士とか一級建築士とかいろんな人達を誘い込んでだんだん組織が大きくなった。一時は県内に150人ぐらいの組織になりました。毎月一回勉強会もやっていたんです。

その時に、いろんな分野から講師の先生を呼んで勉強会をしていたのですが、東京に我々の先生方がいっぱいでてきたので、これを放っておいては勿体ないから東京へ支部を作ってあの先生方を束ねた方がいいんじゃないかというアイデア出てきまして、東京に支部を作りました。そして今度は全国に「落ち穂の会」の準メンバーをと、だんだん広がって一時は全国に300人近い「落ち穂の会」に関係した人達が出てくるような組織になったんです。

そんな活動を10年ぐらい続けました。そのうちにメンバーが各々自分でやりたいことが見えてきたわけです。それで「落ち穂拾いの会」はだんだん空洞化して一人一人が新しいプロジェクトをたち上げたわけです。

「テンタイムスコンサート」

その一つが「テンタイムスコンサート」です。もう10年近く続いているんですが、N響の人達とホームコンサートをして楽しもうという会です。清里に県が別荘分譲をした、「清里の森」の開発の時にN響の人達と知り合ったわけです。

N響の給料は意外に安い。アルバイトをしすぎると芸術性が落ちる。音楽の好きな人達に聞いてもらう機会があれば一番それがいいんだという話でした。それじゃあギャラはたくさん払えないけれどもと言ったら、山梨に年に5回ぐらい来てもいいという話になりまして、以来ずっと続いている。もう60何回やってます。

そういうことをやる人がいっぱい出てきました。

この「落ち穂」のメンバーの中から今大学の先生が3人誕生しました。

まちづくりは「総合学」

世の中は縦社会と横社会がある。例えば銀行でいうと頭取がいて専務がいて、部長がいてと、縦の社会です。もう一つは知事と頭取と大学の学長という横の社会です。研究会というのはタテ、ヨコではなく斜めのネットではないか。研究会にくれば社長であろうが学長であろうが何であろうが皆同じ立場で議論をする、こういう機会が人を育てるのに非常にいい機会になってくるのではないかと思っているのです。

それから、研究会というのは、安田先生がおっしゃった通り「好きこそ」なんですね。好きでなければ駄目なんです。嫌々ながら来るようではストレスになってしまいますが、おもしろがって参加するような人たちが集まってくると、いい会の運営できます。私の経験では、「地域づくり」とか「まちづくり」というのはやはり総合学だと思います。いろんなものが必要になる。ですからいろいろなキャラクターの人達が集まることが効果を倍加していくのではないかなと思っております。

【濱田】 ありがとうございました。手塚先生にお願いします。

□ リーダーの条件― 地域から逃げられない人

【手塚】 地域リーダーについて考えるとき、私は漫才のことを想い出します。何故かと申しますと、「突っ込み」に対する「ぼけ」を落としちゃいけないからなのです。「ぼけ」は、はやり言葉で言うとファシリテーター。私はこれを「世話人」とか「仲人」と言ってますが、リーダーシップの問題は、この「世話人」、「仲人」とセットで考えないといけないのではないでしょうか。リーダーだけで考えるのはちょっと無理があります。成功している地域は、「ぼけ」の人があまり外へ出ませんが、「ぼけ」の役割を果す人が必ずいます。ただ、多くの地域では、なかなかセットで人材が揃いません。

リーダーの発掘に関連して、次に私たちが考えなければならないことは様々な事業を実施するに当たって、どういう方に担っていただくかという選択だと思うんです。ここで考えなければならないのは、「地域から逃げられない人」を選ばなければ駄目だということです。

長野県飯田市に高橋寛治さんという人がいます。彼が飯田市で、市街地再開発事業を進めています。その手法が意外なのです。多分、市レベルですと、建設部とか土木部などが担当するのですが、中心市街地の開発というのは土木的な話じゃないという発想から、商工観光部が事業を担います。これには長野県庁も建設省も、前代未聞だということで大騒ぎだったようですが、とにかく実行するんです。当時「市街地再開発制度」の中では保留地を残すことが許されず、容積率と建蔽率をきっちり使わないと計画が認められない状況でした。

しかし、そもそも「まち」の中で最初からきちきちとサイズを決められては堅苦しくて仕方がない。そこで、高橋さんが戦ったのは「この部分は残すよ」というところがあっていいはずだという制度改正でした。そして、その部分に昔からあった「蔵」を置いたんです。

このため、市街地再開発を進めながら、ある一定のゾーンをそのままにしておく。このことを当時の建設省に掛け合って、実現させたのです。

また、飯田市は、開発区域中に、庁舎を作り、その一階にスーパーを置くのですが、その際彼は、地元のスーパーでないと駄目だと判断します。例えば「ジャスコ」とか「サティ」とかを入れると、最初はよくても、状態が悪くなれば何時でも逃げられる。一方地元のスーパーの経営者は絶対に逃げられない。死に物狂いで商売しないとやっていけない。また、そうでなければ地元の経済も生きていけない。

このように、地域経済の中でかけがえのない人々に、重要なポジションを担っていただくことが大切だと思います。

このことは同じ長野県小布施町の市村さんもおっしゃってます。要は、「合意形成の枠の中にリスクを負わない人を入れない」ということです。

私は、これは、これからの日本の大事な選択肢だと思ってます。住民参加型行政を否定するようなことになってしまうかもしれませんが、要は一つの仕事を実施する時に、リスクを負わない人がたくさん入ってくれれば、真に正しい判断ができるのかということです。一緒に考えてもらうことはもちろん大切ですが、意思決定するときに地域に対してリスクを負わない人々に発言権を与えないことも大事だろうと思います。

それからもう一つは、地域づくりの枢要な場面に、過去的な人を入れてはいけないということです。過去的というのは高齢者という意味ではなく、簡単に言うと「100分間話をした時に、65分以上過去の話をした人」を過去的な人と定義します。65%が正しいかどうかは別問題ですが、仕事をするときに過去の話を65%以上言う人達に、リーダー役を委せてはいけないと思うのです。

どうしてもファシリテーター（世話人）が必要

それから、ファシリテーターや世話人さんはどうしても必要だと思います。私は農村や山村をたくさん歩いてまして、様々なお話を伺いますが、例えば、こんな話がありました。

農村に嫁がこないのは、日本の農政が悪いからだという話を日本の多くの農村で伺います。ある農村に伺った時に、同じような話を聞いたのですが、よくよく聞いてみますと、その前日にその村の太郎が花子にふられたため、太郎になんとか嫁をみつけなければならないというところから話が始まるんです。つまり、問題の核心は太郎と花子をもう一度くっつけることなのです。そういう時に、利害関係者だけで話していると、最終的には日本の農政が悪いという話になりがちです。しかし、日本の農政が良いとか悪いとか言っても、問題の解決にはなりません。こうした時にやはり、ファシリテーター、仲人、世話人というのが必要になると思います。

また、仕事を行う時に、なるべく範囲を大きくしないことも重要だと思うのです。

要するに、できる限り小さい範囲でやることです。フランスの例を紹介しますと、フランスは実は１９８０年代に過疎という問題をある程度解消するわけですが、そんな中、パリから農村に移住した人に「なんでパリから来たの」と聞いたところ、彼の答えは、「私がパリにいるときは、私がパリで死んでも困る人はいない。しかし、ここで今死んだら困る人がたくさんいる。」というものでした。つまり、自分自身が、この村ではかけがえのない存在だということなんです。

範囲や組織を大きくしてしまうと、どうしても匿名性や無関心も強くなってくる。だからできるだけ大きくしないで、一人一人がかけがえのない存在になれるような活動が可能な範囲で実践していくことが大切なのだと思うのです。

【濱田】 ありがとうございました。住民のリーダーということが大事なんですが、合わせて行政側のリーダーも大事です。住民と行政が協働するということでありますから、行政内部でまず対住民の在り方ということについて考え直していくことも必要だと思いました。

［Q&A］

2　まちづくりの失敗事例から何を学ぶか

【濱田】　それでは続きまして次の質問をさせていただこうと思うわけです。

今まで、全体として先進的な事例についてご紹介いただいたわけです。しかし、全国の様々な試みや活動の中には、やはりなかなか旨くいかなかったり途中で失敗したというケースもあるわけです。成功に学ぶということも大事ですが、合わせて失敗事例を参考にして次のステップを踏み出して成功していくことも大事かと思います。

ここで林先生と早川先生にそういう失敗事例の中から何を学ぶのか、失敗の本質といったものがあればお話をいただきたいと思うわけです。よろしくお願いします。

□「見えない失敗」と「よく見える失敗」

【林】　失敗とには「見えない失敗」と「よく見える失敗」があるように思うのです。「よく見える」というのは、リゾート法の時に、でっかいお金を使って、ハウステンボスだとか、宮崎のシーガイヤなんかを作ったけれども、今や、これはもう明らかに失敗ということになってきた。これは明らかに「見える失敗」です。

行政の論理が市民活動を潰す　「見えない失敗」の例

「見えない失敗」というのは、例えば、ある都市でごみのリサイクル活動を市民のグループが一生懸命やっていて、かなりいい線できているときに、行政の方がリサイクルの事業を頑張ってやらなくてはいけないというので、行政がリサイクル事業で競合する。その結局、市民がやっているリサイクル事業を横取りしちゃったみたいになって、その市民の活動をつぶしちゃう。そういうことが意外にたくさんあるんです。これは非常に気をつけなければいけないことなんです。

この事例での一つのポイントは、行政は、行政の論理で施策を全市的に広げて、全体として落ち度なくやらなければいけないと思う。市民がやっているのは全市をカバーしないわけです。行政は、それを生かすのではなくて、それを自分の方に全部取り込んでやってしまおうと考える。その結果、市民活動を潰してしまう。これからは行政も相当に慎重に考えてやるようになると思うんですが。これが「見えない失敗」の事例です。

「見えない失敗」には「見せない失敗」もあります。その鍵は「公開性、透明性」にあります。そういうふうになっていない自治体もたくさんあって、そういう場合には、行政に対してある施策、事業について、まずオープンに議論できるような仕掛けがあったほうがいいんです。そうでないと担当者が大変だと思います。典型例は外務省が某宗男さんに振り回されたケースです。非常に閉じた形で物事に対応しようとすると、ますます変なところに巻き込まれることになる。この典型的な失敗例はどこの自治体でもあります。NPOとか市民の活動に関わりながら、行政としてやっている時に、どこかから文句が出てきて一遍でダメになるというようなこともあるんです。

これは皆でオープンに議論すればどこに問題があるのか、その改善策はどうしたらいいかが明らかになり、泥沼に落ちないですみます。しばしば見せない形で失敗が覆い隠されて大きな失敗につながっていってしまうのです。

「町内会・自治会」と「市民・NPO活動」の関係

それから、地域でよくあるのは町内会・自治会と市民、ＮＰＯの活動の関係で、なかなか面倒なことが発生することがよくあります。

これは、どこでも皆さん壁にぶち当たっているんです。その時の一つの問題は、町内会・自治会の中に、きちんとした民主的な仕組みが成り立っているかどうかなんです。時には民主的な仕組みが組織の中に全く成り立っていなくて、ボス化していることもないわけじゃない。

これは行政にも問題があるんです。行政はいろんな関係で様々な仕事を町内会・自治会に頼んでます。そのために、町内会の個々の在り方について大変慎重で、そこにあまり首を突っ込んだりしない。町づくりではその問題のところで立ち止まっている地域があちこちにたくさんあります。

行政が、地域の代表として町内会などの市民組織を扱う場合があります。しかし、市民組織の運営にきちんとした民主的な手続きや仕組みが組み込まれてない場合は、行政としてその組織を地域代表として扱うことは、公正さを欠くことになります。行政はその点をしっかり考えなければならないわけです。

これはもちろん、その地域の住民自身がしっかり考えないといけないことでもあります。これも「見えない失敗」のひとつです。

というようなことで「見えない失敗」というのは意外に、地域の微妙な仕組み、行政の仕組みの中に隠れている。しかしそれは先程来お話のような「公開性、透明性」あるいは市民や当事者を含めた公開の論議とかとを通じて解決ができる問題ではないかなと思います。

道路整備が中心市街地を潰した「見える失敗」の例

もう一つ、「見える失敗」の方の何が問題かというと、今、日本経済は右肩上がりから全く違う状況にある。

そうすると、例えば道路の整備をひとつとってみても、いろんな町で出会うんですが、昔は中心市街地の道路の整備をすれば、その整備のお金も含めて道路の沿道にいろんなお店もできたりということが期待できた。しかし、今やそういう試みで、またお店ができてくるかどうか全く分からない。そこに住むかどうかすら分からない。空き地になったままどこかに移転して当分放っておかれてしまう。むしろ道路整備によって中心市街地がつぶれるということもあるんですね。

僕が知っている最近の例は、ある都市で中心市街地の一部の道路を歩行者優先のミネアポリスみたいな蛇行するような形にしようということで、工事期間が10か月近くかかった。その間にそこら辺のお店がみんなもうお店を畳んであちこち郊外に行ったりしてしまって、出来上がった後はもう本当に人も通らないような寂れた道になりました。このように公共事業によって中心市街地を益々寂れさせてしまったケースが各地にあるんです。

ですから経済の状態とか都市の生態をしっかりみた上でキチンとまちづくりを進めるということをしないととんでもないことになる。

都市基盤整備がコミュニティを完全破壊した「見える失敗」の例

とんでもない事例があります。神戸の震災で新長田というところが大変手酷くやられた。復興は基盤整備の一部は進んだんですが、皆そこに住んで活動し、事業をやっていた人は戻ってきていない。全く空洞化した状態が広がったままあります。実は、震災前から都心が空洞化する構造的な問題が神戸の長田には働いていたんですね。そういうことは皆も良く知っていた。だけども復興するときに応急仮設住宅を作るのは山の中のニュータウンの土地に作ったり、埋め立て地に作ったり、しかも地域の人達が入るときに公平性という名前のもとで全部抽選でやりましたから、その地域に住んでいた人は全部均等にあちこちにばらまかれちゃったんですね。

その結果コミュニティを完全に破壊したんです。もうそうなってくると今度はもともとパワーがなかったコミュニティを解体して、しかも遠い所に連れていかれた高齢者などはもうわざわざ地元に戻ってきてやろうとか、そういう気力も活力も財力もない。というのでそのままになっている。こういう状況です。

これも都市のマクロな形態と経済的なバックグラウンドをしっかり見て開発をしないと大失敗してしまうという典型的なケースです。

日本の都市の場合、都市の行政を預かる都市計画部門は、都市の「衰退」について、一体何がどういうふうになってどんな問題を起こすかについて勉強をほとんどしていません。

僕の監訳した『都市再生』という本にも書いてますが、そこの勉強を相当にやらないといけない。都市の再開発だとか大規模な開発は非常なリスキーな状況になっているので、むしろ「小さいもの」を上手に組み合わせながら一つずつそれを蓄積していくようなやり方、つまり、地域運営とか地域経営とか地域のコミュニティだとかを慎重に見ながらやっていくことが非常に大切なことになります。

「小さいもの」は何がいいかというと、その地域の事業者・市民がそこに関われるんです。大きいものだと地元の事業者が関われないとか、市民ものを言えなくなってしまうのが現実ですから、やはり常にその地域のコミュニティが関わり、地域の事業者が関わるということを大切にする。それが非常に重要だと思います。

とにかく町の開発や整備は上から降ってきた計画なんかで考えるのではなく、やはり現場の具体的な問題をどうしたらいいかを現場で知恵を集めて考え、現場の裁量で取り組む。現場で取り組みうるスケールで問題に取り組むという原則に立たないと大変なことになる。これが私の失敗談です。

【濱田】 ありがとうございました。では早川先生。

□ 黒子が表に出てしまった

【早川】　我々がやってきたこの「落ち穂拾いの会」も幾つも失敗をしてきているんです。その中の一つをご紹介したいと思います。

我々のメンバーの中に早川町の辻町長も入って一緒に勉強をしてました。あるとき町長から「町政施行30周年の記念事業をやりたいんで、なんかアイデアを出してくれ」という話があったんです。そこに西丸震哉さんとか大勢いたわけですが、西丸さんが「永六輔は俺の友達だから呼んでやるよ」という話になったんです。

「永さんだったら町の人たちも皆知っているしいいんじゃないか」、ということで永さんを呼ぶことになったんです。そこまではよかったんです。永さんと連絡を取りましたら、えらく怒られました。

「何をやってんだ。落ち穂拾いとはなんだ」となりまして、我々は黒子だと思って一生懸命やってたんですが、黒子が何時の間にか表へだんだんしゃしゃり出ていったのかなということなんです。

永さんは「西丸さんからの依頼だから必ず行くけれども、本来こんな依頼は全部断る」とまた怒られまして、「そうはいっても相談に上がりたい」と言いましたら「来なくていい、必ず行くから」と言われました。

あの時に、永さんから言われてその通りだなと思いました。これは住民主体でやらなくてはいけない。私たちは当日の会場の設営にもいろんな工夫をしました。

一つは小学生に絵を描いてもらいました。模造紙で、早川町の未来というテーマで絵を描いてもらって町民会館にいっぱい張り付けました。それと、会場は舞台へ先生方が上がってもらって下に聴衆がいるというのが普通の設定の仕方ですが、全く逆にしました。入り口にちょっと小さい台をつけて、そこに先生方に乗ってもらって舞台の上の方まで住民がいる。

最初は椅子でやろうかなと思ったんですが、ウーン待てよ、毛布を借りてきまして、毛布に皆座って、お年寄りも話を聞くというようなことをやりました。

当日、永六輔さんを駅まで迎えに行きました。そうしましたら、駅で降りた途端に永さんは帰りの切符を買ったのです。怒っているわけです。

会場へきたら控え室なんか一切見向きもせずに、「会場はどこだ」と言われたんです。

「あちらです」とご案内したら、ドンドン上っていってすぐ話を始めました。

開会2分前になったらやはりプロですね、「このまま続けていいか」と‥‥。辻町長がやれやれと、言ったんです。町長挨拶も議長挨拶もないまま永六輔の独壇場で2時間しゃべったんです。

非常にいい話でした。このまま引きさがっちゃ仕様がないなと思いまして、帰りに我々のメンバーに駅まで送ってもらうときに、今、「早川町の赤沢地区に青年同士会という会が立上がったところです。私たちが立ち上がるまで支援しているんだ」という話をしたんです。そしたら「それじゃあ、もう一回来るから青年同士会の人達に企画をさせろ」という話になりました。

2月に我々が町政施行の記念事業をやって、5月の半ば頃また永六輔さんが来てくれたんです。お寺の境内で投げ銭講演会となりました。それから住民の意識が高くなっていきました。

最近、早川町は「合併をしない宣言」をしたんです。NHKがTV番組をつくりました。その中で、早川のおばあちゃんが「私んとおが頑張らなくては町は元気にならんよね」と言ったんです。それを聞いたときに、多分20分ぐらいの番組でしたが、変わったなと思いました。

今、早川町では第2次総合計画の策定を始めていますが、その中で「6つの村とまんのうがん」というコンセプトがでてきました。「昭和の大合併」のときに6つあった村が合併して早川になったのですが、その旧6村の小さい自治をもう一度見直そうという動きが出てきたのです。

「まんのうがん」とは不能な人という意です。300人ぐらいの単位になっている旧村の自治を役場から派遣された2人を含め住民の代表が協働して自治組織できればNPOとして法人格をもたせていこう。小さなコミュニティを大切にしていこうという考え方です。

いろんな失敗を繰り返しながら、今、早川はそこのところにきています。

【濱田】　ありがとうございました。失敗事例と関連しまして、次に安田先生に町づくりを行っていく上で政治家というお立場でいろいろ困難な局面にも直面されたことがおありかと思いますので、そういう点についてどうやって難局を打開されたのかというようなことをお話いただければと思います。

【Q&A】

3　政治家としてまちづくりの難局をどう打開してきたか

【安田】　市民、職員のみなさんと一緒に仕事をしていく中で、幸いにして大きな困難に直面した記憶はあまりないんです。これは私個人の性格からくるものかもしれません。

全国で初の公設民営保育所

従来、保育所は、自治体が直接又は社会福祉法人しか設置・経営できませんでした。

しかし、国の規制緩和の一環として、平成12年4月から民間いわゆる株式会社も、これに参入できるようになりました。

そこで、三鷹市では、平成13年４月に公設民営の保育所を開設いたしました。あまりにすばやい対応だったので国の担当者も驚いていたようです。

いま、あちこちの自治体で、この方式を取り入れようとしていますが、強い反対があってなかなか思うように実現できないようです。

三鷹市の場合は、子供の数の減少によって公立幼稚園を廃止したわけですが、廃止した幼稚園の施設を保育所に転用して、保育所入所待機児童の解消をはかることにしました。

この経過の中で、保育師の皆さん、全国の保育関係者の、こぞっての強い反対運動がありました。

私は、「反対の声が大きければ大きい程、改革としては価値のあるもの」と考えて取り組みました。

というのは、三鷹市において、保育所は、市が直接経営すると60人定数で、年間約２億円必要となりますが、なんと委託した株式会社ベネッセコーポレーションでは、約半分以下の９千万円ですむわけです。

やってみたら、心配されたこともなく、保育の質の低下もない。むしろ小回りがきいて大変好評なのです。

市の保育師さんも、これに刺激されて、一生懸命頑張っているようです。いわゆる保育の現場に競争原理が持ち込まれたわけです。

そういうことですから、やらねばならないことは、思いきってやる、それが決断なのです。

市政の信頼をとりもどすための二つの「条件」

市政を安定させるには二つの「条件」が必要です。市民の信頼のないところに行政はないのです。市民の信頼を得ることが絶対必要です。各種世論・意識調査を見ると80％以上は「行政を信頼しない」と言うんです。行政に不信を持っている。「何でですか」と聞いてみますと「効率的でない」、「働かない」、「コスト意識が全然ない」というのが一つ。もう一つは「開かれていない」、「情報公開もしないしオンブズマン制度もない」、「密室でいろんなことをやっている」というものです。だから信用しないと言うんです。

じゃあ、この二つのことをなんとかできれば、市民の信頼を得ていい仕事ができるということです。

① 徹底的な情報公開

そこで私は情報公開を徹底的にやった。全国で最も早い時期にです。それから情報公開を、情報の開示請求があって開示をするのは今までの情報公開であって、今は、そうではなくて市政情報を積極的に出していく。

三鷹市には他の市の「市勢要覧」にあたるものとして「市政辞典」というものがあります。市民参加用として近隣の4市と、すべての面で比較しているデータの集約です。財政も交通事故の件数も、公民館の数も、道路整備率についてもです。「オンブズマン」制度の導入もやった。「連結されたバランスシート」も策定、公表した。いま、三鷹市の中で市政が開かれていないと言う人はあまりいなくなりました。

② 行政の効率化

もう一つは「効率性」です。公立幼稚園5園あったのですが全て廃止することにしました。それはそうでしょう、昭和30年代後半にドンドン子供が増えて前年度対比で10％人口が増え、そのために私立の幼稚園だけでは、受け入れきれないので市で幼稚園を建ててきたわけです。それが今は、子供がいない。それで私立の幼稚園の経営が大変厳しい。そんなら公立の幼稚園を廃止すればいい。しかし廃止するとなったら今度は「反対」と言う。

反対は、当たり前のことかも知れません。しかし、市長はそうはいかない。効率的な行政をやることによって市民の信頼を取り戻すのです。

③ コミュニティと市民参加

もう一つ、行政運営で一番大事なのは「市民参加」です。

これは30年前からコミュニティ政策を取り入れて、より質の高いコミュニティ意識の醸成に努めてきました。このコミュニティ政策というのはコミュニティセンターを作ることではないです。

コミュニティセンターを作って、それを媒体にして、より高いコミュニティ意識を育てることなんです。それに全力を挙げた。それが今の「協働型市民参加」の土台になっているわけです。

④　議会

それからもう一つは「議会」です。これはなかなか難しい。お一人お一人の議員さんは皆厳しい選挙を経て議員になっているのだから、やはりプライドもある。

とくにこの市民参加については危機感を持っております。

「市長そんなふうにやるのならもう議会はいらないだろう」、「議会を形骸化する」、「反対だ」という空気が相当ありました。

それはそうですよ、よく考えてみても、市民参加は直接参加的で代議員制ではありませんし、間接民主主義でもありませんから。

それに対して、私は議会でこう言ってきました。

「市民参加、市民参加といったって地方自治法の制度上は何もない。あなたたちは地方自治法でしっかり制度的に担保されている議会の議員です」と。

ですから市民参加というのはたかが市民参加だ」「市長の意志の決定途上におけるプロセス参加だ」と言いました。

それで市民の前に行ったら「いやあ、皆さん方の市民参加がないとこれからの自治体経営はやっていけません。積極的に市民参加して下さい」と言います。

議会の機能が万全で、市民の考え方が行政に反映できればいいんです。しかし、そうではありませんから、補完的な機能として市民参加があったほうがいい。そういう理論構成をしながら議会を乗り切ってきたわけです。市民参加は、あくまで市長が政策決定するプロセスの中での参加です。

そうなりますと、議会の方も良く理解してくれました。

一番大事なのは議会と十分話し合うことです。根回しなんてやるのはかえっておかしい。根回しというのは市民にとって分かりにくいのではないかと思います。

⑤　人材の育成

もう一つは職員、いわゆる人材育成です。三鷹市の職員は他と比べると、間違いなくいい仕事をよくやるというのは、年功序列を思い切って廃止したからです。総務部と企画部、それから都市整備部という中核的な組織の長は、45歳前後で登用します。三多摩26市ありますが、企画部長会議をやりますと三鷹市の部長は４５、６歳で、他の市の部長は、55歳以上なんです。

大体50歳なかば過ぎると年金とか退職手当を考えるようになる。そうなったら間違いなく積極的に仕事にチャレンジしなくなります。40歳代ではそうはいきません。

⑥　権限の下部委譲

それから、部下職員に対する権限の下部委譲です。

係長が100万円まで自分で事務事業の専決ができます。課長は1千万円です。部長が2千万円、助役は6千万円、市長は6千万円以上です。市長の後ろ姿を見て間違いなく仕事を執行できるという体制の中で権限を下部委譲するわけです。

市長が全てに判押してごらんなさい、市長が判押したんでは「俺知らない」ということになります。このような権限の下部委譲は他の自治体に類をみません。

ですから職員の研修が大切です。給与制度そのものもそれに見合ったもの、働きやすい環境、それをしっかり作ってあげないと駄目なんです。ですから市の職員から数人大学の先生になってますよ。やはり職員の育成というのはこれが一番大事です。

【濱田】　ありがとうございました。

【Q&A】

4　構造改革特区を成功させるための留意点は

【濱田】　では手塚先生にもおたずねします。せっかく構造改革特区の話も出ておりますので、成功させるにはいろいろ問題があるだろうと思いますが、どの辺に留意したらいいのか、お話をいただければと思います。

【手塚】　構造改革特区の話は、まだ評価ができないところがあるんですが、今の段階は「第2回申請」になります。ここまでの申請の内容を申請主体の動機別にみると、大体パターンは4つあると言われています。

1つは、普段から悩んでいて、「このことさえなくなってくれれば何とかなるかな」と一生懸命悩みながら特区に申請を行った地域です。

2つ目は、特区の制度が出てきて、わが町わが村わが市の状況と規制内容とをつぶさに調べたときに、どんなことができるのかなと、本当に悩んだところです。

3つ目は、特区制度ができたからということでとり敢えず申請してみようと考えた地域です。

4つ目は、「なんだ補助金も受けられないんだったら馬鹿らしいからやめちゃえ」と考えたところです。これはそもそも特区制度に乗らないので、最初から問題になりませんが。

私が見た神戸と岐阜、三重、その他数箇所は特区申請の4つのパターンのうち、基本的には第1のパターンです。要するに、事前に戦略があってこの規制緩和措置を活用した地域ですから、それなりに成功するだろうと思います。

こういう状況を見ますと、やはり、戦略があってその戦略を達成するために何をしなければならないか、まさにそれが地域経営の戦略ということになると思いますが、要するに適正な地域経営を考えて、住民のために何ができるかを戦略的に考えることがこの制度の賢い利用方法だと思います。

もう一つの成功の鍵は、特区制度で認定されて産業界に成果を持ってきたからそれで終わり、ということではなくて、引き続きどのように展開すべきかを継続して考えていくことです。

形式均等配分の問題性

それから、実を申しますと、私自身としては反省なんですが、これまでの行政がとってきた手法は、例えば、リンゴが1つあって、4人の人間がいると、そのリンゴを必ず4等分するというものでした。しかし、4人の中にリンゴの嫌いな私が入ったとすると、実は私に4分の1のリンゴをくれるというのは拷問に近いのです。にも関わらず、役所は4分の1にするのが正しいと信じ続けて4分の1にしてきました。

これからの行政は、4人いてリンゴが1個あった時に、単純に4等分するという話では済まなくなってきます。そのことは構造改革特区という制度だけの課題ではなくて、これから私たちが地域経営するときに考えていかなくてはいけない重要な課題だと思っています。

日本の自治の世界は「自ずから治むる」

最初に「作法」と「規制」という話を致しましたが、このことに関連して自治と構造改革特区、というお話を致したいと思います。

自治と申しますと欧米では「自ら治める」の世界であるような気がします。つまり、これは規制の世界で、自ら規制を設けて治めていくイメージです。一方、日本では「自ずから治むる」の世界であるように感じています。これは作法の世界で、地域ごとの作法の下、自然と治まっていくイメージです。

このことは多分、欧米と日本の自然のあり方の違いによるところが大きいのですが、厳しい自然の欧米と、多様な自然の日本とでは、これに基づく人々の暮らしも大きく異なるのは当然のことです。欧米では、自然は克服する対象ですが、日本では「常に生活と共にある自然」というイメージになります。

さて、ここで言う「作法」が及ぶ範囲は日本全体、というような広い範囲ではありません。例えば、甲府市ですとか東山梨郡といったレベルの範囲ではないかと思います。ですから、日本における生活や産業活動は、国全体のルールに馴染まない領域で展開していたと考えて良いと思うのです。もちろん、様々な状況変化から、より広い範囲でのルール化が必要な事態も生じるのですが、やはり多様な自然とともに様々な作法が存在してきたことは事実だと思うのです。

例えば、道祖神などをみると明らかなのですが、道祖神は集落の外れにあるのではなく、生活の地域の外縁、例えば農地の外れ、薪炭林の外れなどに置かれています。これは、自然とともにある人々の生活の外縁に道祖神という悪霊を置き、外から来る悪霊を治めるためのものだと言われています。この例からもわかるように、私たちの暮らしは、自然と、それに規定される作法とともに展開してきました。

ところが近年、自動車交通の発達や情報化の進展などにより、私たちの生活領域や経済領域は、どんどん範囲を広げていきました。このことが進歩である側面ももちろんありましたが、環境問題や産業の空洞化などの問題も引き起こしてきました。このため、広域的な発想で地域振興を図る必要性を認めながらも、「自ずから治むる」範囲でもう一度地域経営を考える気運が広がっているように思います。

こうした流れの中で構造改革特区の問題を考え、活用していく視点も非常に重要なのだと思います。こうしたことから、特区制度に、特定地域の規制緩和と全国レベルの規制緩和が存在することは重要な視点だと考えています。

【濱田】 ありがとうございました。

【会場との質疑応答】

【濱田】　それでは、ご参加の方々の中から若干ご質問をいただきたいと思います。

Q　甲府のまちづくりの具体例は？

【会場1】「山梨総研」の早川先生から、甲府のまちづくりにジュエリーの業界が今度取り組むことと、甲府城の話が出ました。私もずっと甲府という町をどう町づくりをしていくかということは常に頭の中にあったんですが、もう少し具体的なものもあるんでしょうか。その辺をお聞きしたいと思います。

A　もう一度江戸文化を見直そう「甲府城下町研究会」

【早川】　甲府の町の中心街が非常に疲弊してきています。これは甲府だけではなくて全国の地方都市はどこも同じような状況になってきているわけです。

今、手塚さんの方から「価値ある地域サービス」という話がありましたが、多分今までのように全国一律の同じようなまちづくりはもう駄目だろうということ、これは皆分かっているわけです。

それでは個性をどう出していくかという時に、自分たちの地域の歴史とか、地域価値をもう一回見直さなくてはいけない。

大きく時代が転換し、山梨にとっても甲府市にとっても非常に良い時代がきている。ましてや東京という３３００万人もの大市場がすぐ隣にあるんです。あまりにも恵まれていすぎるから何もやらないんです。多分鳥取、島根とか、青森とかいうところには切実感があるわけです。

甲府の町は川越とならんで江戸時代には小江戸と言われた地域です。戦災にあいましたから今はこんな町になってしまいましたが、昔は非常に栄えていた。しかし、私たちの記憶から江戸時代がすっぽり抜けちゃっているのです。もう一回見直さなくてはいけない。川越は大火にあってすっかり消えたんですが、ちゃんと復興させました。

川越には「時の鐘」があるんです。90歳の老人が説明役をしていました。人盛りです。甲府も古い地図を見ますとちょうど境町に「時の鐘」がちゃんとあったわけです。なんかそういう歴史的なものをもう一度見直さなくてはいけないんじゃないかと思います。

山梨の人は、江戸時代を飛び越して武田信玄の時代までいっちゃってるわけです。江戸文化のことがすっぽり抜けているわけです。そこをもう一回見直す必要があります。

甲府は二つの城を持っている町なんです。これは多分全国で甲府だけだと思います。武田信玄のつつじが崎の館は今の「武田神社」のある場所で城は築かなかった。ここに古府中という町があった。この「古府中」という地名は残ってます。甲府城は、徳川時代に築かれ、そこには新府中という今のまちが生まれたわけです。二つの城と二つのまちを持っているというのは全国で甲府だけです。非常におもしろい町です。

戦災にあって建物は消えましたが「条里」はきちっと残ってます。ですから、もう一度、江戸の文化を見直すことも必要ではないかと思います。

実は「甲府城下町研究会」という研究会があります。これは民間の人が言い出して、毎月一回勉強会をしているんです。

今の「甲府大好き祭り」というのは早く止めてもらいたい。というのは、逆説的に言いますと「大好き」と言わなくてはならないほど嫌いなのかということです。あのお祭りは何千年やってもお祭りになりません。というのはシンボルがないからなのです。精神がないのです。もう一回そういうところから見直さなくてはいけないなと思っています。

Q 安田前三鷹市長の「合併」についての見解は？

【会場2】 三鷹市の総合計画を見てますと、平成10年から平成14年まで非常に長い期間をかけて、市民参加、職員参加、非常にきめ細かく総合計画が立てられて、一部のエリートが作ったのではなくて本当に住民が主人公の計画になっております。

今、山梨県でも盛んに行われている市町村合併ですが、ほとんどが住民主導ではなく、一部の学者と行政主導で計画が立てられ、本当に50％ぐらいの賛成でもってドンドン市町村合併が行われています。そういう中で、早川町なんかは、住民自らが合併に反対して、町独自でもってこれからやっていこうとしています。山梨県にもこういう素晴らしい村もあるわけです。

しかし、ほとんどの市町村が合併が目的で住民はそっちのけでやっている。本当にこれでは町づくりなんかできないと思うわけです。三鷹市みたいにそういう住民参加の町づくりこそが必要ではないかと思うわけです。

安田先生はこういう、特に6つとか10とかそういう多くの多町村の市町村合併についてどんなふうな見解を持っているのか教えてほしいと思います。

A 「合併」は自分たちのまちの今後を考えて決断を

【安田】 私も、現在、国、都道府県が進めている市町村合併については賛成できないという立場です。

大きいことは、いいこともあるんですが、財政の問題だけを考えての合併はどうなんだろうか。もう一つは、地方分権と言っているんだから、そこには地方の意志がないとまずいわけです。

例えば、三鷹市の場合でも武蔵野市と合併した方がいいといわれております。お互いの必然性があって合意があればです。親とか、伯父さんとかに、結婚しなさいといわれて結婚すると同じで、国とか県から合併しなさいといわれて合併するということは、とても問題があるということです。

合併特例法の期限である２００５年、平成17年までには約３２００の市町村が約２０００ぐらいになるだろうと言われている。

そこで歴史的に見ますと１８８９年の明治21年に「明治の大合併」をやった。それから昭和28年１９５３年に町村合併促進法で昭和31年１９５６年に併せて新市町村建設促進法で国が合併運動をする。「明治の大合併」では7万余の町村が約5分の1の1万5千だったんです。「昭和の大合併」では、1万弱の市町村が約3分の1、３５００に減少した。

これまでの二つの合併では、具体的にそれぞれ目的があったんです。「明治の大合併」では義務教育制度を始めるという大義名分があります。「昭和の大合併」には新制中学校を設置するためという目的があります。

今回の合併の目的は何かと言いますと、そのような制度的なものはないのです。地方分権を進めていく上でそれを実現するためには、機能、能力を具えた基礎的自治体の体制整備が必要である。それだけなんですよ。自治体の合併について一般論として、私は反対じゃないですよ、必然性があってお互いに話し合って合併しようというのなら大賛成です。

私は、市町村を３４０万の横浜市のような大都市と、２０００人３０００人とか１０００人ぐらいの町村と一緒くたにして合併推進と言って、画一的にガイドラインを示して誘導するというのは間違いだと考えております。

そして、市民の間では三鷹市のコミュニティをこわしたくないというんです。合併の話は市民の間では出ていません。ですけど三鷹市民が合併した方がいいと判断し、そして必然性があるなら、合併することも良いと考えます。それが本当の合併の在り方だと思うんです。

私は決して、合併は反対ではありません。やったほうがいいときにはやるべし。しかしよく合併の中身を考えてから、自分たちの町の将来を考えながら決断をしていく、これが一つの政治じゃないかなと思います。

【捕足発言】

【濱田】　ありがとうございました。最後の締めくりをお一人ずつ、何か補足の一言がおありでしたらご発言いただきたいと思います。

山梨にチャンスのとき。夢を描こう

【早川】　山梨にはものすごいいいチャンスが来ています。今、夢を描かなければ絶対形にならない。ですから夢を皆で描いて少しでも前進するということが大切ではないかなと、思っているわけです。

まちづくりは壮大な夢の追求

【安田】　今、夢というお話しがありました。行政というのは何なんだろうと、私も長い間行政に関わる中で考え続けてきました。行政というものは一方で厳しい現実の対応を迫られるものであれば、他方では、遠い未来に思いを馳せて豊かなロマンを求めるものでなければならないと思うようになりました。

現実だけに振り回されると決していい街づくりはできません。私は街づくりというのはつまるところ壮大なロマンの追求であると思います。

財政が厳しいから、厳しいだけにやはり私はロマンを持つべきだと、思うんです。今おっしゃった夢ですね、厳しい八方塞がりの現実の中で僅かな可能性を見つけて、貪欲に現実を見つめながら仕事をする。そしていつでも未来に思いを馳せてロマンを求める。こういう姿勢が必要と思うのです。

【濱田】　どうもありがとうございました。どうも皆さんご協力ありがとうございました。

それでは最後になりますが本学法学部長の江口清三郎から閉会の挨拶をさせていただきます。

閉会のあいさつ

江口清三郎（山梨学院大学法学部長）

「まちづくりの新しい潮流」ということで、4時間に及ぶ議論をいただきまして大変ご苦労様でした。パネリストの先生方本当にありがとうございました。

前半におきましては、まちづくりをどう進めるかということで、社会の変化の潮流に対応した市民参加のまちづくりといった切り口の議論がございました。

また、行政制度の改革についても論議があったと思います。

後半におきましては、そういったことを踏まえまして、まちづくりを進めるという点から「リーダーの発掘と育成について、さらには、まちづくりを取り巻く問題をどう突破するかというような具体的な戦略について議論があったところでございます。

私なりにまとめてみます。

今までのまちづくりの課題についての判断とか方向がコペルニクス的に転換された。これがまず第一に確認されなければならない点ではないかという気がいたしました。

それから、各先生方から共通して、これからのまちづくりは「協働」によるまちづくりでなければならないというご指摘があったかと思います。

その中で、三点ばかり皆さんに考えていただきたいということがあります。

一つは、まちづくりの協働の目標をどう定めるかです。目標があって始めて協働というのがあるわけで、目標を具体的にどう設定するか、これがまず第一の課題だろうと思います。

二つは、協働の主体間の関係です。行政と住民、あるいは企業、ＮＧＯがどういう関係でまちづくりを行うか。よく地方自治は政府間関係なんて言われますが、やはり協働の主体間の関係をどのように構築するかの詰めが重要だろうと思います。

具体的には三鷹市の資料がありますが、計画づくりでいろいろな主体がいろんな協議とプロセスを経てまちづくりを行うプロセスの中に現れているのではないかという気がしたところです。

三つは、協働のまちづくりをどう進めるかについて皆さんで議論をしていただいたということではないかと思います。

その次に、最も重要なものとして、リーダーの問題をどうするかという指摘があったかと思います。どう具体的に発掘するか、育成するか、あるいは具体的な協働の原理でどう働いてもらうかといった点があったかと思います。

そして最後に、ご指摘をいただいたのは、「参加」ということだろうと思います。様々な場面場面に住民が大いに参加をしてまちづくりを行う、こういうことをご指摘をいただいたのではないか。皆さんよく言われますように、地方自治とは「民主主義の最後の学校」です。こういう原点に帰って「参加」をどう進めるかが大きな課題だろうと思います。

とかく言われる反対論は、問題を解決するために「参加」をするのですね。どこに橋をかけようか、どういう建物を建てようか。それを決めるための一つの道具ですね。解決の道具として「参加」が考えられていたわけですが、今日それぞれの先生方からご指摘をいただいたのは、「参加の教育議論」ということです。「参加」を通じて新しい公共性を見つけた住民が育つのです。特に山梨県においては、そういう側面から、まず大いに「参加」を進める必要があるのではないかというふうな気がしているところであります。

そういった点も合わせて参考にしていただいて、さらにまちづくりの議論を深めていただきたいと、こういうふうに思います。

2）地方自治体や公共関連団体・企業との連携（研究生・聴講生・委託生制度）
現職社会人に教育機会を与えるため、本研究科では、地方自治体や各種公共関連団体・機関、企業などからの委託学生も受け入れています。なお特定の専門事項について研究することを志望する者には研究生、１科目または数科目の履修を希望する者には聴講生の制度があります。

3）余裕ある研究環境
大学院研究棟には講義室、演習室、研究室、図書館が用意され、ゆったりした雰囲気のなかで研究ができるように配慮されています。

4）週２日の通学
科目選択の仕方により、週2日程度の通学と、集中講義（土・日ないし夏休み時期）の履修で必要単位の取得が可能です。

5）海外での地域研究
海外での地域研究は、国内での準備学習と海外研修を組み合わせて単位認定します。

※資料請求、入試等については、次の事務局にお問い合わせ下さい。

山梨学院大学入試事務局
［所在地］　〒400-8575　山梨県甲府市酒折２丁目４－５
ＴＥＬ０５５－２２４－１２３４（入試センター事務局）
ＴＥＬ０５５－２２４－１６３０（大学院事務局）

夜間・社会人中心の大学院

山梨学院大学・大学院社会科学研究科・公共政策専攻修士課程の紹介

1　目的

1）公共政策を担う人材を育成

市民の生活にとって重要性を増している公共政策について研究・教育を行い、地域の政治・行政・経済・教育などの分野に、重要な役割を果たす人材の養成やキャリア・アップを目指します。

2）社会人のキャリア・アップに重点

主として現職の公務員や地方議会議員、学校の教職員、各種公共関連団体職員などのキャリア・アップに重点を置き、併せて企業後継者の育成、政治家や税理士を目指す人材の養成を行います。

2　授業内容

1）実務と密着した高度の理論研究

講義は実務と密着した高度の理論研究と能力養成を目指します。そのため、研究・教育においても論理性を中心とし、実務教育、問題解決志向を重視します。

2）社会科学を基礎に、幅広い専修を置く

教育内容の特徴として、地方自治、行政法、民法、商法、中国法、政治学、教育〈生涯学習〉行政・教育法、経営管理論など幅広い分野について専修を設け、各自の興味・関心に応じた深い研究ができるカリキュラムになっています。

3　研究概要

1）修業年限・学位

標準修業年限は2年間ですが、4年間まで在学することができます。2年以上在学して所定の単位を修得し、論文審査に合格した者に修士（公共政策）の学位が授与されます。

山梨学院大学行政研究センターの概要

国際的および全国的視野をもちつつ、地域における自治体および公共政策の研究・調査を行うとともに、公共的団体・機関の要請に応じて受託調査、研修などを行い、我が国の行政の研究と発展に資することを目的として、1990（平成2）年に設立された。

［所在地］〒400-8575　山梨県甲府市酒折２丁目４－５
ＴＥＬ　０５５－２２４－１３７０
ＦＡＸ　０５５－２２４－１３８９

まちづくりの新たな潮流

２００４年２月２８日　初版発行　　定価（本体１，２００＋税）

編　者　山梨学院大学行政研究センター
発行人　武内　英晴
発行所　公人の友社
120-0002　東京都文京区小石川５－２６－８
TEL 03-3811-5701　FAX 03-3811-5795
メールアドレス　koujin@alpha.ocn.ne.jp
ホームページ　http://www.e-asu.com/koujin/

公人の友社のブックレット一覧
（04.2.25現在）

「地方自治ジャーナル」ブックレット

No.1
水戸芸術館の実験
森啓・横須賀徹 1,166円 ［品切れ］

No.2
政策課題研究の研修マニュアル
首都圏政策研究・研修研究会
1,359円

No.3
使い捨ての熱帯林
熱帯雨林保護法律家リーグ 971円

No.4
自治体職員世直し志士論
村瀬誠 971円

No.5
行政と企業は文化支援で何ができるか
日本文化行政研究会 1,166円

No.6
まちづくりの主人公は誰だ
浦野秀一・野本孝松・松村徹・田中富雄 1,166円 ［品切れ］

No.7
パブリックアート入門
竹田直樹 1,166円

No.8
市民的公共と自治
今井照 1,166円

No.9
ボランティアを始める前に
佐野章二 777円

No.10
自治体職員の能力
自治体職員能力研究会 971円

No.11
パブリックアートは幸せか
山岡義典 1,166円

No.12
市民がになう自治体公務
パートタイム公務員論研究会
1,359円

No.13
行政改革を考える
山梨学院大学行政研究センター
1,166円

No.14
上流文化圏からの挑戦
山梨学院大学行政研究センター
1,166円

No.15
市民自治と直接民主制
高寄昇三 951円

No.16
議会と議員立法
上田章・五十嵐敬喜 1,600円

No.17
分権段階の自治体と政策法務
松下圭一他 1,456円

No.18
地方分権と補助金改革
高寄昇三 1,200円

No.19
分権化時代の広域行政
山梨学院大学行政研究センター
1,200円

No.20
あなたのまちの学級編成と地方分権
田嶋義介 1,200円

No.21
自治体も倒産する
加藤良重 1,000円

No.22
ボランティア活動の進展と自治体の役割
山梨学院大学行政研究センター
1,200円

No.23
新版・2時間で学べる「介護保険」
加藤良重 800円

No.24
男女平等社会の実現と自治体の役割
山梨学院大学行政研究センター
1,200円

No.25
市民がつくる東京の環境・公害条例
市民案をつくる会 1,000円

No.26
東京都の「外形標準課税」はなぜ正当なのか
青木宗明・神田誠司 1,000円

No.27
少子高齢化社会における福祉のあり方
山梨学院大学行政研究センター
1,200円

No.28
財政再建団体
橋本行史 1,000円

No.29
交付税の解体と再編成
高寄昇三 1,000円

No.30
町村議会の活性化
山梨学院大学行政研究センター
1,200円

No.31
地方分権と法定外税
外川伸一　800円
No.32
東京都銀行税判決と課税自主権
高寄昇三　1,000円
No.33
都市型社会と防衛論争
松下圭一　900円
No.34
中心市街地の活性化に向けて
山梨学院大学行政研究センター
1,200円
No.35
自治体企業会計導入の戦略
高寄昇三　1,100円
No.36
行政基本条例の理論と実際
神原勝・佐藤克廣・辻道雅宣
1,000円
No.37
市民文化と自治体文化戦略
松下圭一　800円
No.38
まちづくりの新たな潮流
山梨学院大学行政研究センター
1,200円

「地方自治土曜講座」ブックレット

《平成7年度》

No.1
現代自治の条件と課題
神原勝　900円
No.2
自治体の政策研究
森啓　600円
No.3
現代政治と地方分権
山口二郎　［品切れ］
No.4
行政手続と市民参加
畠山武道　［品切れ］
No.5
成熟型社会の地方自治像
間島正秀　500円
No.6
自治体法務とは何か
木佐茂男　［品切れ］
No.7
自治と参加アメリカの事例から
佐藤克廣　［品切れ］
No.8
政策開発の現場から
小林　勝彦・大石和也・川村喜芳
［品切れ］

《平成8年度》

No.9
まちづくり・国づくり
五十嵐広三・西尾六七　500円
No.10
自治体デモクラシーと政策形成
山口二郎　500円
No.11
自治体理論とは何か
森啓　600円
No.12
池田サマーセミナーから
間島正秀・福士明・田口晃　500円
No.13
憲法と地方自治
中村睦男・佐藤克廣　500円
No.14
まちづくりの現場から
斎藤外一・宮嶋望　500円
No.15
環境問題と当事者
畠山武道・相内俊一　［品切れ］
No.16
情報化時代とまちづくり
千葉純・笹谷幸一　［品切れ］
No.17
市民自治の制度開発
神原勝　500円

《平成9年度》

No.18
行政の文化化
森啓　600円
No.19
政策法学と条例
阿倍泰隆　［品切れ］
No.20
政策法務と自治体
岡田行雄　［品切れ］
No.21
分権時代の自治体経営
北良治・佐藤克廣・大久保尚孝
600円
No.22
地方分権推進委員会勧告と
これからの地方自治
西尾勝　500円
No.23
産業廃棄物と法
畠山武道　［品切れ］
No.25
自治体の施策原価と事業別予算
小口進一　600円

No.26
地方分権と地方財政
横山純一　［品切れ］

《平成10年度》

No.27
比較してみる地方自治
田口晃・山口二郎　［品切れ］
No.28
議会改革とまちづくり
森啓　400円
No.29
自治の課題とこれから
逢坂誠二　［品切れ］
No.30
内発的発展による地域産業の振興
保母武彦　600円
No.31
地域の産業をどう育てるか
金井一頼　600円
No.32
金融改革と地方自治体
宮脇淳　600円
No.33
ローカルデモクラシーの統治能力
山口二郎　400円
No.34
政策立案過程への「戦略計画」手法の導入
佐藤克廣　500円
No.35
98サマーセミナーから「変革の時」の自治を考える
神原昭子・磯田憲一・大和田建太郎
600円
No.36
地方自治のシステム改革
辻山幸宣　400円
No.37
分権時代の政策法務
礒崎初仁　600円
No.38
地方分権と法解釈の自治
兼子仁　400円
No.39
市民的自治思想の基礎
今井弘道　500円
No.40
自治基本条例への展望
辻道雅宣　500円
No.41
少子高齢社会と自治体の福祉法務
加藤良重　400円

《平成11年度》

No.42
改革の主体は現場にあり
山田孝夫　900円
No.43
自治と分権の政治学
鳴海正泰　1,100円
No.44
公共政策と住民参加
宮本憲一　1,100円
No.45
農業を基軸としたまちづくり
小林康雄　800円
No.46
これからの北海道農業とまちづくり
篠田久雄　800円
No.47
自治の中に自治を求めて
佐藤　守　1,000円
No.48
介護保険は何を変えるのか
池田省三　1,100円
No.49
介護保険と広域連合
大西幸雄　1,000円
No.50
自治体職員の政策水準
森啓　1,100円
No.51
分権型社会と条例づくり
篠原　一　1,000円
No.52
自治体における政策評価の課題
佐藤克廣　1,000円
No.53
小さな町の議員と自治体
室崎正之　900円
No.54
地方自治を実現するために法が果たすべきこと
木佐茂男　［未刊］
No.55
改正地方自治法とアカウンタビリティ
鈴木庸夫　1,200円
No.56
財政運営と公会計制度
宮脇淳　1,100円
No.57
自治体職員の意識改革を如何にして進めるか
林嘉男　1,000円

《平成12年度》

No.58
北海道の地域特性と道州制の展望
神原勝　［未刊］
No.59
環境自治体とＩＳＯ
畠山武道　700円
No.60
転型期自治体の発想と手法
松下圭一　900円

No.61
分権の可能性
スコットランドと北海道
山口二郎　600円

No.62
機能重視型政策の分析過程と財務情報
宮脇淳　800円

No.63
自治体の広域連携
佐藤克廣　900円

No.64
分権時代における地域経営
見野全　700円

No.65
町村合併は住民自治の区域の変更である。
森啓　800円

No.66
自治体学のすすめ
田村明　900円

No.67
市民・行政・議会のパートナーシップを目指して
松山哲男　700円

No.69
新地方自治法と自治体の自立
井川博　900円

No.70
分権型社会の地方財政
神野直彦　1,000円

No.71
自然と共生した町づくり
宮崎県・綾町
森山喜代香　700円

No.72
情報共有と自治体改革
ニセコ町からの報告
片山健也　1,000円

《平成13年度》

No.73
地域民主主義の活性化と自治体改革
山口二郎　600円

No74
分権は市民への権限委譲
上原公子　1,000円

No.75
今、なぜ合併か
瀬戸亀男　800円

No.76
市町村合併をめぐる状況分析
小西砂千夫　800円

No.77
自治体の政策形成と法務システム
福士明　[未刊]

No.78
ポスト公共事業社会と自治体政策
五十嵐敬喜　800円

No79
男女共同参画社会と自治体政策
樋口恵子　[未刊]

No.80
自治体人事政策の改革
森啓　800円

《平成14年度》

No.81
自治体とＮＰＯとの関係
田口晃　[未刊]

No.82
地域通貨と地域自治
西部忠　900円

No.83
北海道経済の戦略と戦術
宮脇淳　800円

No.84
地域おこしを考える視点
矢作弘　700円

No.87
北海道行政基本条例論
神原勝　1,100円

No.90
「協働」の思想と体制
森啓　800円

No.91
協働のまちづくり
三鷹市の様々な取組みから
秋元政三　700円

《平成15年度》

No.92
シビル・ミニマム再考
ベンチマークとマニフェスト
松下圭一　900円

No.93
市町村合併の財政論
高木健二　800円

No.94
北海道自治のかたち論
神原勝　[未刊]

No.95
市町村行政改革の方向性
佐藤克廣　[未刊]

No.96
創造都市への挑戦
佐々木雅幸　[未刊]

No.97
地方政治の活性化と地域政策
山口二郎　800円

No.98
多治見市の政策策定と政策実行
西寺雅也　[未刊]

No.99
自治体の政策形成力
森啓　[未刊]

朝日カルチャーセンター 地方自治講座ブックレット

No.1
自治体経営と政策評価
山本清　1,000円

No.2
ガバメント・ガバナンスと行政評価システム
星野芳昭　1,000円

No.4
政策法務は地方自治の柱づくり
辻山幸宣　1,000円

No.5
政策法務がゆく！
北村喜宣　1,000円

TAJIMI CITY ブックレット

No.2
分権段階の総合計画づくり
松下圭一　400円（委託販売）

No.3
これからの行政活動と財政
西尾勝　1,000円

No.4
構造改革時代の手続的公正と第2次分権改革
手続的公正の心理学から
鈴木庸夫　1,000円

No.5
自治体基本条例はなぜ必要か
辻山幸宣　1,000円

No.5
政策法務の構造
天野巡一　［3月刊行予定］

公人の友社の本

社会教育の終焉［新版］
松下圭一　2,500円

自治体人件費の解剖
高寄昇三　1,700円

都市は戦争できない
五十嵐敬喜＋立法学ゼミ
1,800円

挑戦する都市　多治見市
多治見市　2,000円

自治体と福祉改革
少子・超高齢社会に向けて
加藤良重　2,200円

国土開発と自治体法政策
駒谷治克　2,800円

米国都市の行財政
近藤直光　1,800円

新市民時代の文化行政
中川幾郎　1,942円

現代地方自治キーワード186
小山善一郎　2,600円

地方公務員スピーチ実例集
小野昇　2,000円

アートを開く
パブリックアートの新展開
竹田直樹　4,200円

日本の彫刻設置事業
竹田直樹　3,900円

教師が変われば子供が変わる
船越準蔵　1,400円

砂に書いたSOS
船越準蔵　1,200円

教師になった可奈子への手紙
船越準蔵　1,200円

学校公用文実例百科
学校文書研究会　3,865円

山梨学院大学行政研究センター

「公開シンポジウム」

地方自治ジャーナルブックレット

（表示は本体価格）

地方自治ジャーナルブックレット No.13（1994 年度）
行政改革を考える　1,166 円

地方自治ジャーナルブックレット No.14（1995 年度）
上流文化圏からの挑戦　1,166 円

地方自治ジャーナルブックレット No.17（1996 年度）
分権段階の自治体と政策法務　1,456 円

地方自治ジャーナルブックレット No.19（1997 年度）
分権化時代の広域行政　1,200 円

地方自治ジャーナルブックレット No.22（1998 年度）
ボランティア活動の進展と自治体の役割　1,200 円

地方自治ジャーナルブックレット No.24（1999 年度）
男女平等社会の実現と自治体の役割　1,200 円

地方自治ジャーナルブックレット No.27（2000 年度）
少子高齢化社会における福祉のあり方　1,200 円

地方自治ジャーナルブックレット No.30（2001 年度）
町村議会の活性化　1,200 円

地方自治ジャーナルブックレット No.34（2002 年度）
中心市街地の活性化に向けて　1,200 円

地方自治ジャーナルブックレット No.38（2003 年度）
まちづくりの新たな潮流　1,200 円